그래서 성공이다

To.
_____

_____

_____

_____
From

우 리 는   여 전 히   살 아 간 다   그 리 고   꿈 꾼 다

기획 서상우

서상우 | 윤중원 | 이초연 | 이지영 | 최귀선
이경진 | STELLA | 최나연 | 김화선 저

눈이 녹으면 봄이 온다. 따뜻함이 과해져 뜨거워지면 여름이 오고, 그 뜨거움은 어느새 식어 가을이 온다. 식어 생기를 잃으면 차가운 마음처럼 추운 겨울이 온다. 그렇게 사계절은 언제나 어김 없이 찾아오고, 그 계절처럼 우리의 삶이라는 시간도 봄, 여름, 가을, 겨울과 같은 시간을 지내온다.

다른 듯 하지만 그리 다를 것 없는 우리의 시간은 누구에게나 항상 소중하다. 돈이 적다고 해서 덜 소중한 것도 아니고, 특별하지 않다고 해서 소중함의 가치를 잃는 것은 아니다. 누구에게나 그 가치는 평등하고, 공평하게 주어져 있다. 그렇기 때문에 누구의 삶에는 성공이란 단어가 붙일 만하고, 누구의 삶에는 그 단어가 부적절하다고 그 누구도 단정 지을 수는 없는 것이다.

우리 모두의 생명이 존귀하듯, 그 생명으로 살아가는 시간 역시 존귀하다. 그 시간에 보고, 듣고, 느끼고, 깨달은 모든 것들은 무엇으로도 바꿀 수 없는 소중한 것들이다. 그 모든 시간과 깨달음은 그 사람이 아니고서야 결코 알지도, 느낄 수도 없는 것이기 때문이다.

이 책에서는 각계각층의 남녀노소들이 자신의 이야기를 담고 있다. 나는 그들 모두를 성공이라고 부른다. 워킹맘, 취업준비생, 은퇴자본이 없는 중년, 그저 평범한 샐러리맨 등 우리 주위에 흔히 볼 수 있는, 그저 다를 것 없는 이들의 이야기이지만 나는 그들을 성공이라 부른다.

언젠가부터 우리는 멀고 높은 곳에 놓여 진 것만을 성공이라 여기며 살아가고 있진 않은가? 그 덕에 지금 주어진 것들을 놓치고 있진 않을까? 이 책을 읽고 부디 '성공'이란 것에 대해 다시 한 번 생각해볼 수 있는 계기가 되길 바란다. 우리의 시간은 모두 고귀하고, 우리의 삶은 모두 존경받아 마땅한 것이니 말이다.

'성공'이란 무엇일까?

이 질문에 대한 답은 각자 다양하겠지만, 이 책에서 조금 더 낮은 곳에서부터, 조금 더 가까운 것에서부터 성공을 찾아보고 발견할 수 있기를 바란다. 지금 이 책을 읽고 있는 당신도 내가 보기엔 이미 충분히 성공한 사람이니 말이다.

contents

contents

서상우

책쓰기 성공 학교 학장
드림빌딩 코치 겸 책쓰기 강사
전국민 1인 1저서 프로젝트 기획자
책으로 세상과 소통하기 프로젝트 기획자

저자는 어린 시절부터 오래된 투병생활과 큰 사업실패로 힘겨운 시간을 보냈지만, 끝없는 자기계발과 자기성찰로 책을 출간하며 작가의 길에 들어서게 되었다. 저자는 작가의 길에 들어서자마자 6개월 동안 6권의 책을 모두 베스트셀러에 올리면서 괴물 작가라는 별명이 붙기도 했다. 현재는 책쓰기 성공 학교를 설립하여 전국민 1인 1저서 프로젝트, 책으로 세상과 소통하기 프로젝트 등을 기획하여 각계각층의 사람들에게 자신의 책을 출간하고 자신의 책으로 성공의 발판을 마련할 수 있도록 도와주고 있다.

지은 책으로 《이제 드림빌더로 거듭나라》, 《내 생애 꼭 하고 싶은 32가지》, 《두 달 안에 누구나 작가가 되는 책 쓰기 비법》, 《꿈꾸는 모든 것이 이루어진다》, 《내면의 비밀》, 《그래도 성공이다》, 《맹자의 인생수업》 등이 있다.

saria129@naver.com
http://blog.naver.com/saria129
책쓰기 성공 학교 카페 http://cafe.naver.com/bookschool

CHAPTER 1

서상우,
그래서 성공이다

또 도전하고, 더 도전하기

내 인생은 언제나 도전이었다. 5살 때부터 시작된 병마와의 사투는 살아남기 위한 도전이었고, 버텨내기 위한 도전이었다. 처음엔 뭣도 모르고 그저 버텼을 뿐이었다. 약을 주면 약을 먹고, 부모님 따라 병원 다니고 그럴 뿐이었다. 하지만 사춘기에 접어들고 병세가 악화됐을 때부터는 스스로 살아남기 위한 도전을 펼치고 있었다.

또래 친구들이 한참 뛰어놀고 학교를 다닐 쯤의 나는 제 다리로 걷지도, 제 손으로 밥 수저도 제대로 못 드는 상황에 병원을 학교처럼 다녔어야 했다. 친구들이 학교에서 수업을 받고 있을 때, 나는 병원에서 검사를 받고 있어야 했고, 친구들이 운동장에서 뛰어놀 때, 나는 방에서 혼자 누워만 있어야 했다. 그런 시간을 10년 가까이 지내오다 기적 같은 호전 증세를 보이며 다시 일상생활에 복귀할 수 있게는 되었지만, 나의 도전은 여기서 끝나지 않았다.

기적 같은 호전 증세를 보이자 나는 사람들과 어울리기 시작했다. 모임에 나가기도 하고, 사람들과 어울려 다니고, 친구도 사귀기 시작한 것이다. 하지만 늘 피해의식이 있었다. 아직 완치되지 않은 손은 흉한 모습을 띄고 있었기에 나는 한 여름에도 늘 장갑을 끼고 다녔었다. 사람들은 그런 나를 이상하게 생각했고 나에게는 사람들과 어울리는 일도 하나의 도전이 되고 있었다.

다행히도 사람들은 내가 생각했던 것보다 배려와 이해심이 많았다. 장갑을 끼고 다니는 나를 이상하게 여기는 사람도 없지 않아 있었지만, 그보다 더 많은 사람들이 나를 이해해주고 인정해주었다. 덕분에 나는 밝은 성격을 유지하며 사람들과 즐겁게 어울릴 수 있었다. 그런데 사람들과 어울리는 것에 가장 큰 과제가 나타나 버렸다. 바로 이성적으로 누군가를 처음 좋아하게 된 것이었다.

그 아이를 처음 본 순간 모든 것이 슬로우 모션으로 보였다. 첫 눈에 반한 것이었다. 나는 수소문 끝에 그 아이가 사는 동네를 알아냈고, 그 아이와 친해지기 위해 온갖 수단과 사람들 동원했다. 그리고 노력의 결실로 그 아이와 친해질 수 있었고, 고백까지 할 수 있게 되었다. 지금 생각해보면 무슨 용기로 그랬는지 모르겠지만, 나는 그 아이를 카페로 불러내 좋아한다고 고백했다. 그리고 그 때도 언제나 그랬듯 나는 장갑을 끼고 있었다. 그 아이는 내 얘기를 다 듣고는 잠시 생각하는 듯 하더니 나에게 손을 내밀어보라고 했다. 나는 아무 생각 없이 손을 내밀었고 그 아이는 내가 끼고 있던 장갑을 벗겨 버렸다. 나는 당황해 하며 손을 숨기려고 했지만 그 아이는 그런 내 손을 꼭 잡고는 이렇게 말했다.

"괜찮아. 숨기지 않아도 돼. 이제 이렇게 숨기지마."

나는 눈물이 났다. 마음속의 큰 응어리가 녹는 듯 했다. 나는 진심으로 그 아이에게 구원받았다고 생각했다. 지난 수십 년간 고통 속에서 지냈던 날들을 보상 받는 듯 했다. 이 세상에서 내가 가장 행복하다고 생각했다.

하지만 그런 생각도 얼마 가지는 않았다. 얼마 지나지 않아 그 아이는 양다리를 걸치고 있었다는 것을 알게 되었고, 나는 또 다시 절망하게 되었다. 처음 느껴보는 감정이 그렇게 상처로 끝나자 나는 몇 일간 식음을 전폐할 정도로 힘겨워 했다. 그 때 비로소 마음이 아픈 것이 몸 아픈 것보다 더 힘들 수도 있다는 것을 알게 되었다.

그럼에도 시간은 흐르고 그 날의 일들이 아무렇지 않게 되어 갔다. 어느 덧 나는 서울에서 직장 생활을 하고 있었고, 결혼까지 한 유부남이 되어 있었다. 결혼은 순조로웠다. 양가 부모님들의 많은 배려로 큰 어려움 없이 결혼할 수 있었다. 게다가 결혼하고 2달 만에 아이가 생기면서 많은 사람들의 축하와 축복 속에서 우리는 살아갈 수 있었다. 하지만 이 무렵 나는 무모한 도전을 하게 되고, 그 도전으로 일대 최악의 상황을 맞이하게 된다. 바로 사업을 시작한 것이었다.

서울에서 음악감독으로 녹음실에서 일을 하고 있던 나는 결혼을 하고 회사를 그만두게 된다. 그리고 좀 더 좋은 환경을 만들어보겠다는 의지 하나만으로 받을 수 있는 대출을 다 받아 PC방 사업을 하기 시작했던 것이다. 아무것도 모르는 초짜 사업가가 대출 받은 돈으로 벌인 사업이 잘 될 확률이 얼마나 되겠는가? 불 보듯 뻔한 결과는 현실로 일어나기 시작한 것이었다.

　PC방을 오픈하자마자 금연법이 개정이 됐고, PC방을 내놓는다는 급매가 쏟아져 나오기 시작했다. 나는 그럼에도 나름 열심히 가게를 운영해봤으나 매달 갚아야 하는 대출금도 제대로 내지 못하는 실정이었다. 시간이 흐르면 흐를수록 빚은 더 늘어만 가고 있었던 것이다. 결국 가게를 오픈한 지 5달 만에 가게를 내놓게 되었다. 막대한 빚만 끌어안은 채 말이다.

　경제적으로 더 나아져 보겠다고 도전한 창업은 나를 나락으로 떨어뜨렸다. 모든 것이 엉망이 되었다. 부부관계는 서로 소홀해져갔고, 돈은 없고, 아이는 하루가 다르게 크고 있었다. 나는 어떻게 해야 할지 알 수 없었다. 그저 매일 같이 속으로 '이것 또한 지나가리라'라는 말만 되뇔 뿐이었다.

　나는 여기서 또 다른 도전을 선택하게 된다. 무모한 도전이 실패로 끝났지만 여기서 멈출 수는 없었다. 지금의 상황을 벗어나기 위해서라도 또 다른 도전을 해야만 했다. 나의 또 다른 도전은 바로 책을 쓰는 것이었다. 어린 시절부터 책을 좋아해 다양하고 많은 책을 읽어온 나였다. 특히 자기계발서를 좋아해 꽤 많은 책을 읽었었는데 내가 사업에 실패하면서 나는 읽었던 자기계발서를 다시 읽기 시작했다. 그러면서 나 역시 이런 책을 내고 싶다는 생각을 하게 된 것이었다.

책을 쓰겠다는 나의 도전 역시 순탄하지는 않았다. 가르쳐주는 곳도, 배울 돈도 없었기에 하나부터 열까지 모두 스스로 알아내야 했다. 하지만 그럼에도 포기하진 않았다. 왜 그랬는지는 모르겠지만 책을 쓰면 모든게 나아질 것만 같았기 때문이었다. 그렇게 2달에 걸쳐 책 쓰는 방법을 알아내고, 원고를 쓰고 지우고를 반복하다가 결국 책 한 권의 원고를 완성할 수 있었다.나는 떨리는 마음으로 원고를 투고했고, 다행히도 다음날 계약하자는 출판사의 연락이 있어 계약을 하고 책을 출간할 수 있게 되었다. 그리고 지금은 어느 덧 벌써 다작을 출간한 작가가 되었고, 책쓰기 성공 학교를 설립해 다른 사람들의 책을 출간해주거나, 성공의 발판을 마련해주는 일도 하고 있다.

지금 돌이켜 생각해보면 건강, 사람, 사랑, 돈까지 어디에서도 도전을 하지 않았던 부분이 없을 정도로 도전을 해왔다. 한때는 이런 내가 특별하고 특이하다고도 생각했던 적도 있었지만, 지금은 나만이 특별하고 특이해서가 아니라 누구나 사실 이런 도전을 하며 살아가고 있다고 생각한다. 그리고 그렇게 도전할 수 있다는 것 자체가 큰 축복인 것이라고 여기고 있다. 도전할 수 있다는 것은 아직 살아있다는 것이고, 도전할 수 있다는 것은 아직 꿈이 있다는 것이기 때문이다.

살아있는 한 도전해야 한다. 도전만이 우리의 삶을 좀 더 활기차게 만들어주고, 더 새롭게 만들어 줄 수 있다. 도전하지 않고 그 자리에서 안주하고만 있는 다면 언제까지고 달라지는 것은 없다. 도전하자! 새로운 꿈에, 새로운 내일에. 그 도전의 결과가 때론 처참하고, 때론 비참하다 할지라도 도전하자! 언제나 성공은 그런 도전을 멈추지 않는 자의 몫이니 말이다. 도전하는 자는 그것만으로도 이미 성공을 품고 있는 것이다. 도전하는 자는 그래서 성공인 것이다.

책쓰기 성공 학교

내가 처음 책을 쓰기로 마음먹은 것은 2014년 어느 봄이었다. 그 때는 아마 내 인생에서 가장 지옥의 시간을 보내고 있을 시기였다. 결혼을 하고 두 달 만에 아이가 생기자 나는 운영하고 있던 녹음실을 처분하고 이사를 가기로 결정했다. 녹음실이 곧 집이었던 우리는 일반적인 녹음실이 보통 지하에 위치해있듯 지하에서 살고 있었기에 아이를 지하에서 키울 수는 없는 노릇인지라 녹음실을 팔고 지상으로 이사를 가기로 한 것이었다. 게다가 녹음실도 제대로 운영되고 있지 않던 지라 신속하게 녹음실을 처분하기로 결정 내렸다.

이사할 집을 찾기 위해 서울의 거의 모든 지역을 돌아다녔다. 하지만 그럼에도 값비싼 전세에 이사할 집은 쉬이 찾을 수 없었고, 두 달을 넘게 집을 보러 다닌 뒤에서야 양천구에 위치한 한 빌라를 찾아 이사할 수 있게 되었다. 집사람은 아기를 낳은 지 100일 밖에 되지 않은 몸으로 한여름 땡볕에서 함께 이사할 집

방문을 페인트칠을 했다. 이제 어두운 지하에서 햇빛이 환하게 들어온다는 생각에 집사람은 자신의 몸 따윈 생각조차 하지 않고 있었다. 그저 이사 간다는 생각에 들떠있기만 했다.

이사를 결정 내리고 나는 이사할 집 근처에 창업을 알아보았다. 장사조차 해본 적이 없었지만 집사람과 딸에게 보다 나은 환경을 제공해주고 싶은 마음에 창업에 뛰어들기 시작한 것이었다. 두려움 따윈 없었다. 그래서 받을 수 있는 대출을 다 받아 PC방 사업에 뛰어 들었다. 우리는 희망에 차 있었다. 이사도 했고, 새롭게 가게도 열었다. 모든 일이 잘 될 것만 같았다. 하지만 그것은 지옥의 시작이었다.

이사한 집은 이사한 지 얼마 되지 않아 천장에서부터 물이 새기 시작해 곰팡이로 천장을 뒤덮었다. 집주인에게 항의해보았지만 건물이 오래돼 어쩔 수 없다는 말만 하며 책임질 수 없다고 했다. 임시방편으로 어떻게든 해보려 해도 곰팡이는 더 늘어나기만 했다.

하지만 상황은 여기서 멈추지 않았다. 오픈한 지 얼마 되지 않은 가게는 금연법이 나오면서 PC방 업계 자체가 흔들리는 최악의 상황을 맞이했다. PC방에서 벌어들이는 수입은 내가 받은 대출금을 갚기에도 터무니없이 부족했다. 하루하루 돌려막기를 하기에도 벅찼고, 24시간 가게를 돌려도 빚 갚기에만 급급했다. 시간이 갈수록 빚만 더 늘어갔다.

새로운 마음으로 새롭게 시작하기 위한 자리는 점점 지옥으로 변해갔다. 주머니에는 10원짜리 하나도 없고, 매일 매일 독촉 전화는 끊이지 않았다. 집은 점점 더 엉망이 되어갔고, 우리 부부는 점점 지쳐갔다. 나는 더 이상의 빚을 늘리지 않기 위해 서둘러 PC 방을 내놓았다. 하지만 금연법으로 인해 급매로 나온 PC방은 수 없이 많았고, 오픈한 지 얼마 안 된 PC방임에도 가게는 팔릴 기미도 보이지 않았다.

나는 말 그대로 멘붕이 왔다. 어떻게 해야 할지도, 뭘 해야 할지도 알 수 없었다. 나는 자신감에 차있었다. 분명 잘 될 것이라 믿었다. 그런데 왜 내가 이런 지경이 됐는지 알 수 없었다. 누구보다 자기계발서를 많이 보고, 이해하고 있다고 생각했는데, 왜 뭣 때문에 내가 이 지경에 이르렀는지 이해할 수 없었다.

나는 내가 지금까지 읽었던 자기계발서를 다시 꺼내 보기 시작했다. 그리고 이번에는 그저 읽는 것이 아니라 책에 줄을 쳐가며 공부를 하기 시작했다. 내가 책에서 뭘 놓쳤는지, 왜 내가 이렇게 된 건지 이유를 찾고 싶었다. 책을 다시 읽기 시작하자 신기하게도 어느 정도 진정이 되어갔다. 다시 이성적으로 생각할 수 있게 되어 갔고, 그 전에는 못 봤던 부분도 볼 수 있게 되었다. 그리고 언젠가부터 나도 내가 깨닫게 된 것을 책에 담아 출간하고 싶다는 욕심이 생기기 시작했다.

책을 쓰고 싶다는 욕심이 생기기 시작했지만 쓰는 방법도 몰랐고, 그 방법을 배울 수 있는 곳도 잘 없었다. 겨우 인터넷을 뒤져 찾은 책 쓰는 방법을 알려주는 코치나 카페는 고액의 수업료를 지불해야만 수업을 들을 수 있었다. 지금 내 상황에 그런 돈이 있을 리 만무했기에 나는 그런 카페를 가입해 게시글을 보면서 글 쓰는 방법을 훔쳐 배웠다.

훔쳐 배운 책 쓰는 방법만으로 책을 쓰기란 여간 쉽지 않았다. 쓰고 지우고, 다시 쓰고 지우고를 반복하며 원점에서 맴돌았다. 그러던 어느 날, 그 날도 컴퓨터 앞에 매달려 계속 원고를 쓰고 지우고를 반복하고 있었다. 마침 딸아이가 TV를 보고 있었는데 TV안에서 타블로와 그의 딸이 함께 길을 걷고 있었다. 그런데 길에서 타블로의 음악이 나오자 그의 딸이 "어! 아빠 노래다!"라고 말하는 것이었다. 나는 그 순간, 그 장면을 보고 있는 나의 딸이 언젠가 서점에서 내 책을 보고는 "어! 아빠 책이다!"라고 말하는 것을 너무나 듣고 싶어졌다.

'그래, 반드시! 반드시 내가 그 소리 듣고 말거다.'

이 생각에 가슴을 불태우며 더욱 원고를 쓰는 것에 매달렸다. 하루에 12시간 넘는 시간을 원고에 매달렸으며 그렇게 두 달을 원고에 매달린 끝에 결국 한 권 분량의 원고를 완성시킬 수 있었다. 처음 책 한 권 분량의 원고를 마무리 지었을 때 그 쾌감은 정말 이루 말할 수 없을 정도의 쾌감이었다.

'내가 이 원고를 썼다니! 내가 책 한 권 분량의 글을 썼다니!'

내가 자랑스럽고 뿌듯했다. 하지만 이 기쁨을 공유하려면 이 원고를 계약해 책으로 출간해야 했다. 나는 떨리는 마음에 여러 출판사에 원고를 보냈다.

'아무 곳에서도 연락이 없으면 어떡하지?'

이런 두려움이 나를 엄습해왔지만 그럼에도 반드시 올 것이란 믿음을 가지며 연락을 기다렸다. 그리고 원고를 보낸 다음 날 아침 한 출판사에서 연락이 왔고, 나는 계약을 할 수 있게 되었다. 그리고 계약된 원고는 한 달 뒤, <이제 드림빌더로 거듭나라>라는 이름의 책으로 출간하게 되었고, 그 책이 바로 내 생애 첫 저서가 된 것이었다. 이 책을 시작으로 나는 어느덧 7권의 책을 출간하고, 또 몇 권의 책 출간을 앞두고 있는 자타공인 작가가 되었다. 빚에 허덕이고, 삶의 벼랑 끝에 몰렸던 내가 지금은 사람들 앞에서 강연을 하고 작가가 되는 방법을 알려주는 코치가 되어 있다.

지금의 나는 책쓰기 성공 학교를 설립해 많은 사람들이 자신의 책을 쓸 수 있도록 도와주고 있다. 처음 내가 책 쓰는 방법을 몰라 헤맸던 것처럼, 책으로 다시 시작하고 싶어 했던 것처럼 그때의 나와 같은 사람들을 위해 책쓰기 성공 학교를 설립한 것이다. 이 책쓰기 성공 학교를 통해 이미 <그래도 성공이다>가 출간되었고, 벌써 이 책 <그래서 성공이다>까지 출간되었다.

나는 앞으로도 좋은 사람들과 함께 좋은 취지를 가지고 더 좋은 책을 출간시키기 위해 노력할 것이다. 그리고 지금 당장은 아니지만 언젠가는 이 책쓰기 성공 학교를 비영리 재단으로 만들어 배우고 싶어 하는 사람들에게, 성공하고 싶어 하는 사람들에게 기회를 창출시켜주고 싶다.

책에는 묘한 힘이 있다. 읽는 자에게도 쓰는 자에게도 전해주는 묘한 기운이 있다. 책에 빠져 사는 사람들은 그 묘한 힘에 매료된 사람들이다. 그리고 나는 이 묘한 힘을 전 국민들이 모두 알기를 바란다. 그리고 전 국민들이 모두 자신의 책을 1권씩은 출간할 수 있기를 바란다. 이 책을 읽고 자신의 책을 출간하고 싶은 생각이 들었다면 꼭 한 번 책쓰기 성공 학교에 방문해보시기 바란다. 이 곳에서 당신도 꼭 작가라는 타이틀을 붙일 수 있기를 바라는 바이다.

❸

책으로 세상과 소통하기

　책쓰기 성공 학교를 설립하고 다양한 사람들을 많이 만나게
되었다. 각계각층의 남녀노소를 만나서 책으로 담아 출간하기도
하고, 책을 쓰는 방법을 알려주기도 했다. 그러던 중 우연한 일이
일어났다.

　여느 날과 다름없이 책쓰기 성공 학교를 알리고 이 달에 있을
책쓰기 성공학 특강을 홍보하던 중, 카페 회원 한 명이 올린 곳
에서부터 한 분이 카페에 가입을 하셨다. 그 분은 들리지 않고,
말하지 못하는 농아분이셨는데 알고 보니 카페 회원이 특강 글
을 올린 곳이 바로 농아 분들의 카페였던 것이었다.

　카페에 가입하신 분은 카페에 자기소개와 함께 글로 밖에 소
통할 수 없는 자신을 도와줄 수 있는 방법이 없느냐고 물으셨다.
나는 댓글로 잘 오셨다고, 도와드리겠다고 말씀드렸다. 하지만
댓글을 남기고 곰곰이 생각에 잠겼다. 어떻게 도와드려야 할지,
무엇으로 도움을 드려야 할지에 대해 생각에 잠긴 것이었다.

나는 한참을 생각한 끝에 농아 분들의 이야기를 책으로 담아 출간해보자는 생각이 들었다. 들리지 않고, 말하지 못한다면 글로밖에 자신의 이야기하지 못할 테니 책은 충분히 쓸 수 있을 거란 생각이 들었던 것이다. 나는 바로 이 아이디어를 책쓰기 성공학교의 디자인을 맡고 있는 디자인 팀장에게 얘기했다. 내 아이디어를 들은 디자인 팀장은 좋은 아이디어라며 반색했다. 디자인 팀장의 반응에 나는 기운을 얻고 바로 이 프로젝트를 진행했다.

하지만 일은 생각처럼 쉽게 진행되진 않았다. 사회복지사로 근무하고 있는 친구에게 연락해 이런 프로젝트를 하려는데 어떻게 생각하느냐고 물었더니 내 얘기를 듣자마자 친구는 녹록치 않은 일이라며 걱정했다. 우리 생각처럼 들리지 않고, 말하지 못하기 때문에 글로밖에 소통하지 못하는 개념이 아니라고 했다. 농아 분들은 대부분 수화로 소통을 하는데 농아 분들에게 있어 글을 쓰는 것은 우리가 아예 다른 외국어를 배우는 것과 같은 수준이라는 것이었다. 게다가 농아 분들 중에는 선천적인 농아 분들이 많은데 선천적인 농아 분들은 제대로 된 교육을 받지 못해 우리가 생각하는 것만큼 글로 자신의 생각을 써내려가는 일이 그리쉬운 일은 아니라는 것이었다. 정말 이 프로젝트를 제대로 이행하고 싶다면 수화통역사가 그들의 얘기를 수화로 보고 글로 써내려 가는 수밖에 없을 것이라고 했다.

나는 또 다시 생각에 잠겼다. 생각처럼 단순한 작업이 아니라는 생각에 고민에 빠졌다. 하지만 도와달라던 그 분의 글을 계속 눈앞에 아른거렸다. 나는 급하게 생각하지 말자며 자신을 달래고 하나씩 더 알아보기로 했다. 그리고 그러던 중 책쓰기 성공학 특강 날이 다가왔다. 나는 다른 날과 다름없이 특강 준비를 하고 강의 장소로 향했다. 다시 만나는 반가운 얼굴들과 처음 만나는 새로운 분들과의 만남에 즐거운 특강 시간을 보내고 있었다. 그러던 중 한 분이 아이를 데리고 특강에 참여하셨는데 그 분도 들리지 않고 말하지 못하시는 농아분이셨다. 그 분은 아예 들리지 않는 건 아닌 듯 보였지만 제대로 듣지 못하시는 것 같았다. 그럼에도 책쓰기 특강에 참가해 글로 소통하는 법을 배우려고 하고 계셨다.

나는 강의가 끝나고 다가가 잘 오셨다고, 오셔서 감사하다고 인사는 건넸다. 그리고 그 분을 보면서 반드시 농아 분들의 이야기를 담은 공동저서를 출간시켜야겠다고 다짐하게 되었다. 그 날 특강이 끝나고 나는 스텝들과의 회의를 통해 농아 분들의 공동저서 프로젝트를 시작하기로 했다. 홍보자료를 만들고 본격적으로 참가자를 모으기 시작했다. 주변에서 우려하는 목소리도 들렸지만 분명 가능할 것이라는 확신이 들었다.

참가자는 더디지만 한 명씩 차기 시작했다. 10명의 참가자를 모집하는 공동저서에 벌써 6, 7명이 참가를 신청한 것이었다. 신청하신 분들도 단순한 흥미가 아니라 간절함을 담아 신청해주셨다. 나는 그 참가 신청서를 보면서 이 프로젝트를 하길 잘했다고 거듭 생각했다.

참가 신청서를 받아 보면서 우리는 아예 이 프로젝트로 계속 진행해보자는 생각을 하게 됐다. 각계각층의 사람들의 이야기를 책으로 담아 출간시켜보자는 취지로 말이다. 그래서 나온 것이 바로 '책으로 세상과 소통하기'란 프로젝트이다. '책으로 세상과 소통하기'란 프로젝트는 각계각층의 주목받지 못하고 외로운 사투를 벌이고 있는 사람들의 이야기를 책으로 출간시켜보자는 취지로 시작하게 되었다. 그 프로젝트의 시작이 바로 농아 분들의 이야기가 될 것이고, 그 뒤로 사회복지사, 다문화가정을 주제로 책을 출간시켜보려 하고 있다.

꼭 돈 있고, 많이 배우고, 유명하고, 사회에서 존경받는 계층의 사람들만이 책을 쓰는 건 아니라는 것을 보여주고 싶고, 책으로 그들의 이야기가 더 많은 사람들에게 알려지길 바라며 이 프로젝트는 시작되었다. 우리 사회의 일원이지만 내팽겨쳐 있고, 관심 받지 못해 고통 받고 있는 사람들의 이야기를 세상에 끄집어내 그들의 이야기가 더 많이 들려지고 전해지기를 바란다. 그리고 성공은 누군가에게 보장되어져 있고, 허락되어져 있는 것이 아님을 말해주고 싶다.

나는 꿈꾼다. 내가 책으로 삶을 변화시켜왔듯이 더 많은 사람들이 자신의 책으로 삶을 변화시킬 수 있기를. 책이 유명한 사람들만의 소유물이 아닌, 책으로 서로 소통하고, 책으로 유명해질 수 있는 발판이 되기를 말이다.

책은 어렵고 딱딱한 것이 아니다. 글은 방대한 지식만을 기록

하기 위해 쓰여 지는 것이 아니다. 나의 이야기, 나의 시간을 담고 그것으로 누군가에게 충분히 감동을 주고 희망을 줄 수도 있는 것이다. 나는 평범한 가정주부라서, 나는 이름 없는 직장의 직장인이라서, 나는 학생이라서, 나는 노인이라서. 이런 이들이 책을 쓰면 안 된다고 정해놓은 법도 기준도 없다. 자신 스스로 그런 기준을 세워두고 자신을 가둬두어선 안 된다. 틀을 깨고 성공이 누군가의 소유물이란 생각은 버리고, 자신을 그 위치에 올려야 한다. 책을 쓴다고 반드시 유명한 작가가 되고, 잘나가는 강연가가 되는 것은 아니지만, 최소한 나도 할 수 있다는 자존감과 자부심을 가질 수 있게 된다.

자신의 책을 써라. 자신의 책으로 세상과 소통하라. 어디서 누구와 무엇을 하는 사람이든 자신의 책을 쓸 수 있고, 쓸 내용이 있다. 아무래도 그 방법과 그럴 자신이 없다면 책쓰기 성공 학교에 오길 바란다. 그 방법과 자신을 심어줄 테니 말이다.

건강을 잃고, 돈을 잃고, 사람을 잃고, 사랑을 잃으면서 나의 자존감은 바닥에 떨어졌었다. 하지만 책을 쓰고 그 책으로 사람들 앞에 당당히 일어섰다. 당신도 할 수 있다. 당신에게 꿈이 있다면 그 꿈을 책에 써라. 그 꿈은 세상 사람들과 공유하라. 그러면 언젠가 당신도 그 꿈을 이룬 자리에서 지금을 회상할 수 있을 것이다. 지금 내가 이 책을 통해 그렇게 하고 있듯이 말이다. 꿈은 언제나 포기하지 않는 자가 이루는 것이다.

한남더힐 펜트하우스와
람보르기니 우라칸

내겐 드림 하우스와 드림 카가 있다. 바로 한남더힐 펜트하우스와 람보르기니 우라칸이다. 언젠가는 이 집에 살며 이 차를 탈 것이라는 다짐 속에 오늘도 하루하루를 힘차게 보내고 있다.

먼저 내가 한남더힐 펜트하우스를 본 건 4년 전쯤의 일이다. 당시 장모님께서는 베이비시터 일을 하고 계셨는데 새로 옮긴 집이 바로 이 집이었다. 장모님께서는 직업 특성상 이 집, 저 집 많이 다녀보셨지만 이번 집은 정말 크고 화려하다며 말씀하셨다. 장모님의 얘기에 흥미가 생겼던 나는 언젠가 기회가 되면 꼭 한번 두 눈으로 보고 싶다고 생각했다.

그러던 어느 날, 장모님을 모셔다 드릴 기회가 생겨 한남더힐 펜트하우스로 가게 되었다. 그 집은 말 그대로 서울 한남동에 언덕 같은 구조로 되어 있었다. 들어가는 입구에서부터 철통같은 경비와 순찰로 사람을 긴장시켰다. 장모님이 가르쳐준 방향대로 안으로 쭉 더 올라가자 드라마나 영화에서나 보던 집이 보였다.

정말 그림 같은 집의 풍경에 나도 모르게 입이 쩍 벌어졌다. 나도 모르게 감탄사를 내면서 말이다.

"와아…"

따로 그 집으로 들어가는 엘리베이터가 보이고, 전용 주차 공간도 있어보였다. 집 안은 지하에서부터 지상까지 3, 4층은 돼보였다. 이쯤 되니 집안에 에스컬레이터까지 있다 해도 이상하지 않을 정도였다. 나는 한동안 그 집을 멍하니 바라보았다. 그런데 그 순간, 그 집에서 나오는 듯한 중년의 부부가 큰 시베리안 허스키 한 마리와 함께 산책을 나오는 모습이 보였다. 정말 영화의 한 장면처럼 말이다. 나는 그 모습을 보면서 생각했다.

'그래, 내가 저 나이 때 나도 저렇게 되자. 저 집에서 집사람과 함께 저렇게 산책을 나오자!'

이렇게 속으로 다짐하며 그 집을 나의 드림 하우스로 정했다. 그 날로부터 그 집은 나의 드림 하우가 되었다. 언제나 결국은 그 집을 내 소유로 만들 것이라고 다짐하고 다짐했다. 이 책에서뿐만 아니라 다른 책에서도 거론할 정도로 그 집은 나만의 드림 하우스 되어 있다.

지금도 언젠가 그 집에서 살 것이라는 나의 꿈은 변함이 없다. 그리고 분명히 이루어질 것이라는 믿음도 변함이 없다. 언제 어떤 식으로 이루어질지는 아직 구체적으로 모르지만 나는 이미 그 곳에서 살고 있다는 생각으로 하루하루를 보내고 있다. 내가 그 집에 이사를 하는 날 온 가족과 책쓰기 성공 학교 가족들을 초대해 꿈을 끝까지 포기하지 않고 꾼다면 이렇게 모든 것이 이루어진다고 말해주고 싶다. 빛 하나 들어오지 않는 월세 방에서, 비가 새 천장이 곰팡이로 뒤덮은 전세방에서 꿈을 꿨을 뿐인데 여기까지 오게 되었다고 말이다. 나는 그 날이 분명 올 것이라 믿고, 이미 그런 시간은 일어나 있는 것이라 믿고 있다.

나만의 드림 하우스에 이어 나만의 드림 카도 있는데 그 차는 바로 람보르기니 우라칸이다. 람보르기니라고 한다면 누구나 한 번쯤 타보고 싶고, 갖고 싶은 차일 것이다. 엠제이 드라코의 '부의 추월차선'이란 책을 보면 저자가 주유소에서 아르바이트를 할 때 젊은 사람이 람보르기니를 몰고 와서 그 오너에게 직업이 뭐냐고 물어봤다던 내용이 나온다. 그 장면을 보면서 나도 생각했다. 언젠가 람보르기니에서 내리는 나에게 누군가 다가와 직업이 무엇인데 이런 차를 타고 다닐 수 있느냐고 묻는 장면을 말이다. 나는 그 사람에게 내 명함을 주면서 이렇게 말할 것이다.

"제 직업은 작가입니다. 당신도 책을 써서 저처럼 성공하십시오."

람보르기니는 딱히 우라칸만 있는 것은 아님에도 내가 우라칸을 타고 싶다고 생각한 이유는 트랜스포머에서 람보르기니 우라칸의 모습을 보고 나서이다. 물론 로봇으로 변신할 것이긴 기내보 그러는 것은 아니다. 진한 회색에 날렵한 드라이빙 모습에 완전 반해버린 것이다. 개인적으로는 보통 흰색이나 밝은 색의 차를 선호하지만 그 모습에 나는 완전 매료되어 버렸다. 그래서 반드시 람보르기니 우라칸을 타야겠다고 마음먹은 것이었다.

나는 지금 경차를 몰고 있지만 언젠가 반드시 람보르기니 우라칸의 오너가 될 수 있다고 믿는다. 그리고 그 때 사람들에게 말해줄 것이다. 나는 경차를 몇 년 동안 몰았지만 이렇게 람보르기니 오너까지 될 수 있었다고 말이다. 그렇게 사람들에게 가장 좋은 사례가 되고 싶다.

드림 하우스와 드림 카는 언제나 내가 진취적이고 긍정적일 수 있게 해준다. 경차를 몰면서도 람보르기니를 몰고 있다는 생각을 하게끔 하고, 전셋집에 살면서도 한남더힐에서 살고 있는 나를 꿈꾸게 한다. 이 경차가 나를 람보르기니로 데려다 줄 것이라 믿고, 이 전셋집이 나를 한남더힐에서 일어나게 할 것이라 믿고 있다.

계단은 순차적으로 올라간다. 한 계단, 한 계단을 밟고 올라가다보면 어느새 2층, 3층에 도달하게 되는 것이다. 1층과 2층을 지나지 않고 바로 3층, 4층으로 올라갈 수는 없는 것이다. 지금 내게 경차와 전셋집이 그 1층과 2층의 역할을 하는 것이라 나는 믿고 있다. 경차라도 나아갈 수 있고, 전셋집이라도 머물 수 있다. 그것만으로도 언제나 감사하게 여기고 있다.

꿈을 꿔라. 그 꿈이 드림 하우스여도 괜찮고, 드림 카라도 괜찮다. 다른 것이어도 상관없고, 다른 장소여도 상관없다. 중요한 건 꿈을 꾼다는 것이다. 만약 내게 이런 꿈이 없었다면 나는 몰고 다니는 경차에 만족했을 것이고, 전세방에 안주했을 것이다. 하지만 내게는 드림 하우스와 드림 카가 있기에 더 나아가려 하고, 지금보다 더 성장하려 하는 것이다.

꿈은 꾸려하는 사람의 것이다. 아무리 누가 꿈을 심어주고 꾸라고 해도 자신이 꾸지 않으면 꿈은 존재할 수 없다. 이루려고 하지 않으면 이룰 수 없다. 지금 우리가 살아가는 세상도 누군가의 꿈에서 시작됐고, 누군가의 꿈이 이루어지면서 만들어졌다. 누군가의 꿈이 이렇게 많은 사람들에게 영향을 끼치고 있는 것이다.

나 역시 나의 꿈으로 많은 사람들에게 선한 영향을 끼치고 싶다. 언젠가 이루어진 꿈의 집과 꿈의 차로 많은 사람들에게 선한 영향력을 행사하고 싶은 것이다. 누군가가 이 책을 읽고 자신의 꿈을 다시 생각해본다면 이미 나의 바람은 조금씩 이루어져 가고 있는 것이다. 그렇게 더 많은 사람들이 자신의 꿈에 대해 생각해 볼 수 있고, 자신의 꿈을 품을 수 있다면 우리는 분명 지금보다 더 웃을 수 있고, 더 나아갈 수 있을 것이라 나는 믿는다.

꿈을 꾸기에 이미 우리는 성공인 것이고, 꿈을 품을 수 있기에 그래서 성공인 것이다.

윤중원

제약 세일즈 23년차 전국사업부장 역임의 Professional Sales人

'같이' 의 가치를 소중히 여기고 있다. 'Sale'은 '살레'인 것처럼 모든 사람은 예외 없이 유, 무형의 무엇인가를 팔고 있다고 주장하고 있다. 天業으로 여기고 있는 그 무엇과도 바꿀 수 없는 Sales의 소중한 '가치' 전파를 위해 지금 이 순간도 열심히 뛰고 있다.

이 세상을 소통, 관계, 가치, 힐링 등의 저마다의 고유한 "휴먼브랜딩"의 아름다운 세상으로 만들고 싶은 꿈으로 일산에서 소중한 삶를 오늘도 살고 있다.

yoon2553@hanmail.net

CHAPTER **2**

윤중원,
그래서 성공이다

세일즈의 기본은
혼을 다한 진정성이다

"자 다들 가방 들고 출장들 나가라!"

소장님의 지시다. 나는 순간 생각했다.

'출장은 뭐고, 왜 나가지?'

이 때만 하더라도 밖으로 나가서 회사의 제품을 팔아오는 것이 영업부 직원들의 주어진 미션임을 난 정확히 인지하지 못했다. 난 가방을 들고 나가 무작정 걷고 또 걸었다.

수원의 시내 번화가였다. 시내버스에서 내려 걷고 또 걸었다. 소아과 문을 열고 들어가 원장님께 회사의 제품 카탈로그를 보여드리고 나름 아는 제품지식을 말씀드렸다. 소위 이것이 디테일이었다. 놀랍게도 첫 디테일에 성과는 아이들 해열제인 써스펜 좌약이라는 신규 품목이었다.

그 순간 느낀 떨림과 흥분은 지금도 잊을 수가 없다. 이런 것이 바로 일에서 느끼는 행복감과 성취감이란건가? 알 듯 모를 듯

하는 심정으로 회사로 돌아와 하루의 출장보고를 드리니 소장님을 포함, 선배들은 첫 출장에 대단하다며 다들 칭찬 일색이었다. 이것은 93년 10월의 어느 날에 내게 일어난 실제 사건(?)이었다.

그로부터 많은 시간이 지났다. 세일즈 23년차라는 시간을 고객과 함께 이 길을 가고 있으며, 매 순간 '희노애락'을 고객들과 늘 함께하고 있다. 지금 가만히 돌이켜 보면 세일즈는 나의 천직일지도 모른다는 생각을 가만히 해본다. 중간 중간에 나 역시도 극복하기 힘든 시련과 좌절하고픈 시간들이 존재했지만 슬기롭게 그 시기를 극복할 수 있었던 원동력은 나 스스로의 주어진 일에 대한 집중력과 몰입이 가장 큰 동인이라고 생각한다. 상사와 선배들의 조언과 격려도 큰 부분이었지만, 역시 가장 큰 비중은 나 스스로와의 '자기중심'이었던 것으로 생각된다. 이것이 이른바 요즘 화두가 되고 있는 일을 대하는 태도와 자세였던 것이다. 즉, 일을 대하는 자신의 정체성과 본질이 어떠하냐에 따라 한 사람의 운명이 시시각각 변할 수도 있는 가장 큰 동인이라는 것이다.

이것은 비단 세일즈의 영역에서만 국한 되는 것이 아니라, 모든 분야에서 적용되는 만고불변의 법칙이라고 생각한다. 예외는 없다. 아니 있을 수도 있겠지만, 그것은 오래가지 못하는 잠시의 신기루이자 허상일 뿐이다. 그만큼 내가 '왜 이 일을 하느냐'라는 일. 즉, 업(業)에 대한 자기의 정체성이 분명해야 된다는 것이다. 정체성이 분명해야 일을 대하는 시각과 생각, 행동이 자연적으로

파생되며, 이는 곧 결과로 자연스럽게 돌아오게 되는데 이 사이클(Cycle)이 바로 세일즈의 기본 원리이기도 하다.

이것이 나는 그 무서운 '원인과 결과의 법칙'이라고 생각한다. 내가 어떠한 생각을 하고 있느냐에 따라 행동의 반복이 자연스럽게 따라오며, 이는 무섭게도 결과로 돌아온다는 것이다. 생각, 행동, 습관, 운명의 수레바퀴는 이 순간에도 이렇게 나도 모르게 결정되고 있는지도 모른다.

제품, 고객, 사람은 모든 일의 반드시 필요한 3대 구성요소이다. 팔아야 할 '제품'이 있어야 하며, 이를 구매해야할 '고객'이 있어야 한다. 이 제품과 고객을 연결해야 할 중간 연결 고리 역할이 바로 '사람' 즉, 비즈니스 세일즈 인력이다.

이 '사람'의 조직은 회사의 입장에서 보면 경영이익을 창출할 수 있는 가장 중요한 최선봉 조직이기도하다. 공장의 제품을 쌓아만 놓기만 하고 소진하지 않고서는 이익이 창출되지 않는 원리와 같은 것이다. 나는 그 '사람' 중의 한 명의 삶을 지금껏 살아오고 있지만 내가 선택한 이 길에 대해 하늘을 우러러 한 점 부끄럼 없게 살아 왔다고 자부한다.

문제는 고객에게 다가설 때 자신의 혼을 다한 진정성이 필요하다는 것이다. 앞서 이야기한 정체성과 본질의 핵심은 바로 혼을 다한 진정성이다. 이것이 세일즈의 99.9%라고 이야기해도 어느 누구도 이에 대해 이의를 달수는 없을 것이다. 자기 자신의 모든 것을 쏟아 붓고 몰입할 때서야 비로소 진정한 성취감과 일에서 느끼는 행복감을 맛볼 수 있게 된다. 이는 말로 형용할 수 없는 무언의 가치를 제공하는 자기 인생의 커다란 지침이 되어주기도 하는 무형의 자산이기도 하다.

흔히 진정성은 그저 열심히만 하면 되는 것으로 생각한다. 내가 말하는 진정성은 일단 스스로가 인정이 되어야 하며, 남들이 봤을 때 나의 진정성에 대해 필히 인정이 되어야만 한다고 생각한다. '남이 보는 나'가 '자기가 보는 나'보다는 상대적으로 훨씬 더 정확하기 때문이다.

그리고 또 하나는, 실적이 반드시 창출되어야만 한다는 전제조건을 가지고 있다. '나'와 '남'과 그리고 '실적'이 수반되는 트라이앵글이 바로 내가 생각하는 진정성의 가치 변화이다. 남들의 시각에서 볼 때 인정되어 주지 않는 자기만족의 진정성은 혼을 다한 것이 아니다. 베스트가 아니다. 2%가 부족한 진정성이다. 이는 고객에게 임팩트가 없고 어필되지도 못한다. 자기만족일 뿐이다. 고객을 향한 수많은 세일즈 인력간의 경쟁이 지금은 너무나도 치열하기 때문이다. 지금은 말로 형용할 수 없는 이른바 '무한경쟁시대'이니 말이다.

혼을 다한 진정성은 이만큼 어렵다. 자기 역량이 100% 발휘되어야 하며 역량이 모자라면 그 역량을 성장시켜야 한다. 자기가 부족한 부분은 자기가 가장 정확히 인지하고 있다. 자기와의 뼈를 깎는 성장의 고통이 없다면 진정성이라고 말할 수 없다. 자기와의 매 순간 힘겨운 싸움을 이겨내야 한다. 진정한 권력은 '먼저 자기를 지배하라'는 말도 있지 않은가? 나는 이 말을 전적으로 공감하는 바이다.

가장 큰 경쟁상대는 '남'이 아닌 바로 '자기 자신'이다. 자기 합리화만큼 무서운 것은 없다. 하려고 하는 자에게는 길이 보이고, 포기하려는 자에게는 변명이 보인다는 말이 요즘의 무한경쟁 시대에 곰곰이 생각해 보아야 될 대목이라고 생각한다. 부족한 부분의 역량을 키워 매 순간 혼을 다해 진정성으로 임하되, 남과 고객에게 인정받고 실적이라는 결과물로 함께 수반될 때, 비로써 하나의 진정성은 완성되는 것이다. 이것이 내가 말하는 진정한 자기 경쟁력이며, 100세 시대를 살아가는 자신만의 유, 무형의 가치로 삶의 영원한 자기 동반자가 될 것이다.

모든 영역이 그렇겠지만 세일즈 영역에서의 혼을 다한 진정성은 절대 생명수이기도 하다. 세일즈 영역에 몸을 담고 있다면 과거와 현재, 그리고 미래에 대해 스스로 지난 시간을 조용히 조망해 보아야 한다. 부모가 돌아가시면 그때서야 후회하는 효도의 가치가 과거나 지금이나 변해도 변하지 않듯이 세일즈의 기본 역시 혼을 다한 진정성임을 나는 단언한다. 23년 세일즈 시간의 이론과 경험에서 나온 나의 소중한 지론인 것이다.

내가 늘 직원들에게 하는 말이 있다.

"내가 흘린 피와 땀은 절대로
나를 배신하지 않는다.
이것이 바로 원인과 결과의 법칙이다."

세일즈의 정점은
단언컨대 고객과의 소통이다

　기업 활동의 일반적 3대 구성 요인은 제품, 고객, 사람으로 형성된다. 우선 시장에 팔 '제품'이 존재해야 하며, 이 제품을 구매해야 할 '고객'층이 형성된다. 이 분류 고객을 타깃으로 기업은 마케팅을 하게 되는데 이 마케팅을 필드, 즉 영업현장에서 전문적으로 업무를 담당하는 '사람'이 곧 비즈니스 세일즈 인력으로 불리 운다.

　예를 들면 이런 것이다. 스마트워치라는 신제품이 시장에 선을 보이게 되고, 기존 스마트 폰에 일부 싫증을 낸 젊은 소비자 층이나 얼리어답터 등이 우선적 고객층으로 분류될 것이다. 이 고객들을 대상을 중점적으로 제품의 특장점을 어필하는 역할이 바로 사람, 즉 비즈니스 세일즈 인력인 것이다. 자동차나 보험의 경우도 크게 봐서는 다르지 않을 것이디. 보험의 경우에는 인생 100세 시대를 겨냥한 고령상품이 시장에서 보험사마다 각축전을 벌이는 것을 볼 수 있다.

이런 비즈니스 세일즈에서 가장 중요한 것은 바로 고객과의 공감여부이다. 그저 열심이 아닌 잘해야만 되는 가장 중요한 이유이기도 하다. 공감이 없는 만남은 서로에게 득이 되지 않는 공허한 울림만 있을 뿐이다. 공감이 중요한 이유는 공감 없이는 세일즈의 마지막 정점인 실적이 창출되지 않기 때문이다. 세일즈에 있어 실적은 자기 자신 존재의 이유이며, 모든 평가에 있어 최우선순위이다. 심지어는 "실적이 곧 인격"이라는 말도 회자될 정도이니 실적이 왜, 얼마나 중요한지는 길게 설명하지 않아도 될 것이다.

비단 세일즈 영역뿐만이 아니다. 규모를 떠나 기업들은 해당 사업부의 연간 실적이 저조하면 누군가는 책임을 져야하는데 그래서 종종 해당 사업부의 수장이 옷을 벗는 경우를 우리는 많이 보게 된다. 실적은 그 만큼 영역을 가리지 않고 절대적으로 중요하며, 개인은 물론 한 기업의 존재가치에 있어 커다란 생존지표이기도 하다. 2인 이상이 존재하는 조직은 이 환경에서 예외인 경우는 극히 드물 것이라는 나의 견해이기도 하다.

나 역시도 23년차의 세일즈를 하고 있지만 이 실적의 굴레에서 단 하루도 마음 편히 벗어나 본적이 없다. 일 년에 한 번 여름휴가를 마음 편히 가족과 함께 보내 본적이 거의 손에 꼽을 정도이니 말이다. 워커홀릭이라는 애칭은 후배들이 나에게 지어준 자랑스러운 명예 훈장이기도 하다. 실적에 따라 나의 삶은 희노애락의 삶, 그 자체였다고 해도 과언이 아닐 것이다. 나의 삶은 실적과 더불어 동고동락을 한 유형의 또 다른 가족이기도 하다.

앞서 세일즈의 가장 중요한 것은 고객과의 공감이라고 했는데 공감은 실적에 바로 연관될 만큼 절대적인 것이다. 공감되지 않는다는 것은 고객과 소통되지 않는 것이며, 소통되지 않는 것은 설득되지 않았다는 것이다. 공감의 하위개념은 소통이며, 소통의 하위개념은 설득이다.

중간 개념이 바로 소통이다. 고객과 소통지수를 높게 가져가는 세일즈가 지금은 아주 중요한 절대적 부분을 차지하고 있다. 세일즈의 고귀한 가치 중의 하나가 제 3자에게 소통지수를 높일 수 있는 자기만의 특별한(?) 경험을 소유할 수 있다는 것이다. 이유, 무형의 자산은 그 무엇과도 바꿀 수 없는 자기에게 아주 중요한 자산이자 지식이며, 진정한 지혜인 것이다.

소통이 최대의 화두인 시대에 우리는 지금 살고 있다. 과거에도 그러했고, 미래에도 아마 그럴 것이라는 추측은 큰 무리가 없어 보인다. 인공지능 시대가 도래된다고 하지만 궁극적 인간의 마지막 정서는 아마도 공감을 위한 소통일 것이라는 확신을 난 가지고 있다. 로봇이 일부 수술을 하는 시대이지만 생명을 다루는 큰 수술의 정점은 역시 의사들의 몫인 것처럼 말이다. 진정한 의술은 의사가 참된 진정성을 가지고 환자들의 손을 어루만져 줄 때에 아름다운 완성이 된다고 나는 믿고 있다.

나를 둘러싼 주변인들과의 삶의 질에서 가장 중요한 요인은 바로 소통이다. 고객, 친구, 지인은 물론 가족도 이 범주에서 벗어 날 수는 없다. 직장인이 사표를 내는 가장 큰 원인이 상사와의 커뮤니케이션이 안 되는 소통부재, 즉 불통이라는 통계도 있다. 직장인이 가장 많이 걸리는 암이 직장암이라는 유머는 쓴 웃음을 자아내게 한다.

특히 세일즈 대상인 고객과의 소통지수는 절대적 비중을 차지하며, 고객 각각의 개인별로의 맞춤 소통 솔루션의 해법은 세일즈에 있어서 풀어야 할 최대 현안이기도 하다. 허준의 동의보감에 통즉불통(通卽不痛) 불통즉통(不通卽痛) 이라는 말이 있다. 통(通)하면 고통이 수반되지 않는데 불통(不通)되면 그에 다른 고통이 수반된다는 진리를 명확하게 보여주고 있다.

나의 그 동안의 세일즈 경험에 비추어 볼 때 소통지수 향상에 있어 가장 주요한 것은 바로 감성이라고 생각한다. 우리가 흔히 겪는 평범한 일상에서 아주 '작은 요소'로 고객을 공감시키라는 것이다. 이것이 바로 감성이 가져오는 커다란 파괴력 있는 효과이기도 하다.

나는 감성은 속일 수 없는 '인간의 본성'이라고 생각한다. 본성은 논리적 설득인 '이성'보다는 감성적 설득인 '감정'에 지배당한다는 것이 나의 세일즈 지론이다. 우리가 흔히 싫어하는 사람과 밥을 먹는다거나, 약속을 잡지 않는 가장 큰 이유는 서로 감정적 공유가 사전에 내재되어 있지 않기 때문이다. 불편한 자리에서의 불편한 식사가 소화도 잘 안 되는 이유는 거기에 있다는 것이 나의 견해이다. 여담이지만 시어머니가 아프면 머리가 아프고, 친정어머니가 아프면 마음이 아픈 것도 약간의 감정적 공유의 차이가 아닐까 하는 그러한 생각도 하게 된다.

세일즈도 마찬가지이다. 고객을 논리적으로 이해시키고 이성적으로 설득시키는 데에 주력하지 말고 그 이전에 감성적 설득인 감정에 호소하는 것이 반드시 선행되어야 소기의 실적을 창출할 수 있다는 것이다. 인간은 논리적으로 생각하면서도 최종 결정에 있어서는 감정적 공유의 정도와 질에 따라 언제든지 논리적 생각인 이성을 뒤집을 수 있는 것이다.

세일즈에 있어 커다란 오류중의 하나가 고객을 대하면서 사전 감성적 설득인 감정의 공유 활동에 너무 소홀히 한다는 것이다. 이것은 당연히 실적이 수반되지 않게 되며, 이것이 바로 세일즈가 힘이 드는 가장 커다란 이유 중의 하나이다. 머리로 구분하면 이성은 좌뇌이며, 감성은 우뇌영역에 해당한다. 그래서 소통은 말이 아닌 마음으로 하는 것이 진정한 소통인 것이다. 눈빛만 봐도 고객이 무엇을 원하는지 알 수 있는 세일즈는 이미 최고수의 반열인 것이다.

내가 감성적 Tool로 가장 많이 활용하는 것이 생일, 결혼기념일등의 기념일 이벤트와 취미, 특기, 관심분야 등의 맞춤 활동을 통한 고객과의 감정적 공감대 확대이다. 자녀나 부모님을 모시는 경우 가족 마케팅도 병행하면 고객들로부터 큰 반응을 불러올 수 있다. 감성적 소재 중 일 년에 한 번 맞이하는 고객의 생일은 절대적으로 좋은 감성적 소재이며, 감정적 공유를 확대할 수 있는 절호의 기회이기도 하다. 생일 피드백 없이 고객과 감정적 공유는 생각보다 크지 않다는 것이 나의 견해이다. 잊지 못할 기억과 추억을 선물하면 먼 훗날 나의 커다란 추억거리이기 이전에 그 고객은 평생 그 순간을 잊지 못할 것이다. 이것이 바로 무서운 감성의 힘이다.

비즈니스는 큰 부분에서 실패하는 것이 아니다. 의외로 사소한 부분에서 승부가 많이 갈리기도 한다. 감성은 작은 부분이지만 때론 빙산도 녹일 수 있는 큰 힘이 된다. 에베레스트 산이 8848m의 높이로 세계 최고봉이지만, 세계의 지붕으로 불리는 히말라야 산맥이라는 커다란 감성의 산맥이 있기에 최고봉이라는 칭호를 받을 수 있는 것이다.

다니엘핑크의 '새로운 미래가 온다'에서 산업화, 정보화시대를 거쳐 이제는 하이 콘셉트, 하이터치시대로 트렌트가 변화될 것이라고 예견하고 있다. 우뇌적인 예술가적 시각과 안목이 필요하며, 그 기본에는 인간의 본성을 이해하는 절대 기본 시각인 감성 인식이 분명히 선행되어야 할 것이다. 이처럼 감성은 작지만 때론 승부를 가름하는 다윗이기도 하는 것이다.

중용23장의 문구이다.

"작은 일에도 최선을 다하면 정성스럽게 된다.
정성스럽게 되면 겉에 배어 나오고
겉으로 드러나면 이내 밝아지고
밝아지면 남을 감동시키고 남을 감동시키면
이내 변하게 되고, 변하면 생육된다.

그러니 오직 세상에서 지극히 정성을 다하는 사람만이
나와 세상을 변하게 할 수 있는 것이다."

③

인생의 반환점에서 보는
세일즈의 두 가지 가치

그대는 찬바람이 부는 황량한 벌판에 혼자 서있는 자신을 바라 본 적이 있는가? 아니면 망망대해에 점 하나의 존재로 혼자 외로이 사투를 벌이는 자신을 생각해 보았는가?

세일즈는 외롭다. 그러나 한편으로는 외롭지 않다. 그래서 양날의 검이라는 양면성을 가지고 있다. 그 어느 누구도 나의 일을 대신 해 주지 않는 대신 무엇과도 견줄 수 없는 최고의 무형의 가치를 창출하는 영역이기도 하다.

그대는 외로워 보았는가? 세일즈는 혼자이며 외롭다 못해 처절할 때도 있다. 고독하다. 세상에 증오와 멸시로 가득 찬 그러한 대상으로 때로는 오인되기도 한다. 그러면서 뒤를 돌아본다. 사실 모든 건 허상이다.

어느 누구를 막론하고 유, 무형의 자기의 고유 상품을 판매하는 시대이다. 농업화를 지나 산업화를 거쳐 지식정보화시대가 도래했지만, 여전히 세일즈의 존재는 절대 필요영역이다. 아니 그 존재감은 더욱 커졌을지도 모르겠다. 대중에게 선택받지 못한 상품은 시장에서 존재의 이유가 없기 때문이다. 가만히 자신을 돌이켜보아라. 나는 지금 무엇을(What), 어떻게(How), 왜(Why) 팔고 있는가?

흘러간 시간들을 가만히 돌이켜보면 상당 부분 고독으로 점철된 매 순간 순간의 연속이었다. 끝없이 자기와 씨름하면서 성장과 성숙의 시간들을 채워오지 않았나 싶다. 안주하는 순간 세일즈는 바로 내리막길을 걸어야 되기 때문이었다. 안주한다는 것은 자신과의 타협이며, 이는 곧 자기 패배의 서막임을 많이 보게 된다. 소중한 경험에서 우러나온 나의 최고의 철학이다. 경험을 이기는 지식은 없기 때문이다.

물론 나에게도 힘든 시기는 항상 있어 왔다. 첫 고비는 입사 후 대략 3년째쯤으로 기억된다. 세일즈에 대한 딜레마와 실적에 대한 슬럼프로 힘든 나날을 보낼 즈음 나는 그만 다른 길을 찾고자 사직서를 냈다. 그러자 그 당시 나의 바로 위 팀장이 나를 불러 조용한 어조로 이렇게 말했다.

"우리도 다 이런 힘든 시절을 겪으면서 지금까지 왔다. 네가 하고 있는 이런 갈등은 당연한 거다."

그 한마디 조언은 지금도 나의 마음 한 구석에 조용히 자리 잡아 있으면서 시련과 역경을 이겨내는 최고의 동반자 역할을 하고 있다. 그 날, 팀장의 조언으로 나의 생각은 다시 번복되었고,

구두끈을 다시 질끈 메게 하는 전화위복의 계기가 되었다.

그 팀장님은 처음으로 내가 회사에서 가장 존경하는 분이 되었고, 20년이 지난 지금도 연락을 드리면서 어려운 일을 허심탄회하게 상의 드리곤 한다. 나의 어려움을 진정으로 가슴을 통한 감정이입(Empathy)을 해주었었기에 난 그것을 마음으로 느낄 수 있었다. 지금 생각해봐도 참으로 고마운 마음이다.

나는 세일즈가 좋다. 아니 세일즈가 주는 가치가 좋다. 세일즈는 시련과 갈등의 연속이며, 자기와의 고독한 싸움이지만 상대적 그 가치는 말로 표현 할 수 없을 정도로 크다고 생각한다. 그 이상의 가치는 자기가 만들기 나름이다. '누구나 할 수 있지만, 누구나 할 수 없는 것'이 세일즈가 가지는 절대 가치의 존재감이 아닐까 한다. 그 존재감이 가지는 세일즈의 가치를 크게 나는 두 가지로 생각해 본다.

1. 뿌린대로 거둔다.

세상에 공짜는 없는 법이지만, 특히 세일즈 영역은 더욱 그러하다. 혹시나 하는 우연과 요행은 결코 없다. 그래서 세일즈는 자기가 흘린 땀에 대해 거짓말하지 않는다. '혼을 담은 나의 노력은 절대로 나를 배신하지 않는다'는 것이 나의 세일즈 으뜸 철학이다. 뿌린다는 것은 집중이며, 이를 다르게 표현한다면 몰입의 가치영역이 가장 크게 빛나는 영역이 바로 세일즈가 아닐까 생각한다.

"어떤 사람이 세일즈를 가장 잘하는가?"라고 누군가 나에게 물으면 나는 이렇게 답할 것이다.

"아침에 눈을 뜨면서부터 저녁 잠자리에 들 때 까지 항상 세일즈 생각이며, 이를 실천에 옮기는 사람이다."라고.

나의 마음속에는 늘 두 마리의 늑대가 존재해 있다. 한 마리는 노력, 긍정, 열정의 늑대이며, 또 다른 한 마리는 불평과 불만, 부정의 늑대이다. 두 마리의 늑대 중 어느 늑대가 싸움에서 이기는가? 그것은 바로 내가 관심과 애정으로 지속적으로 키우는 늑대이다. 내가 의식적으로 어떠한 사유를 하고 있느냐에 따라 행동과 그에 따른 결과는 달라지기에 뿌린 대로 거두는 것이 세일즈가 가지는 최고의 속성이라 할 수 있다.

진정한 몰입의 가치는 딴 곳으로 한눈을 팔지 않는 것이다. 재능이 열이라면 몰입은 천 이상의 효과를 가져 온다. 올인 해야 최소한의 경쟁력이 확보되는 무한 서바이벌 시대이며, 더욱이 블루오션 영역은 아무리 찾아도 찾아볼 수도 없지 않은가? 운도 실력이라는 말에 일부 동의는 하지만 이는 어디까지나 일회성이며, 그 운은 계속 반복되지 않는다. 가고자 하는 길의 시야만 흐리게 할 뿐이다.

몰입의 효과는 생각하는 그 이상으로 스스로에게 피드백 된다. 실적과 평가를 차지하고 자기의 이상과 자아실현에 커다란 응원군의 이정표 역할을 한다. 몰입도가 높을수록 피곤할 것 같지만 오히려 그 피로도를 놀라울 정도로 낮추어 주는 것이 몰입만이 주는 또 다른 신비함이다. 하루의 일과를 마치고 잠자리에서 주는 편안함과 안락감은 또 다른 즐거움이자 편안함이다.

몰입을 통한 자기만의 세일즈에 대한 가치와 철학은 한번쯤은 되돌아보고 주기적으로 점검해주는 것이 필요하다. 나는 이러한 행위를 일에 대한 소명의식에 기인한다고 본다. 자기 방향성인 것이다. 내가 왜 이 일을 해야 하는지에 대한 자기중심이 없으면 쉽게 주위 환경에 휩쓸리게 됨을 많이 보게 된다. 3년차에 슬럼프에 빠졌을 때 팀장의 따뜻한 조언이 커다란 계기가 되었지만, 한편으론 일을 대하는 나의 기본적 소명의식이 그 중심에 자리 매김되어 있었기에 가능하지 않았을까 하고 생각하기도 한다. 무형의 자기 철학이 내재되어 있을 때 유형의 행동들이 수반됨은 자연의 이치와도 같으리라. 뿌리가 깊은 나무는 바람에 흔들리지 않는 것과 같은 이치라고 보는 것이다. 확고한 소명의식의 실천은 구두 뒷 굽의 교환 횟수가 바로 나를 증명해주는 최고의 검증개체이다. 나는 지금 그대들에게 묻고 싶다.

"그대들의 구두 뒷 굽은 지금 어떠한가?"

2. 자기성장을 위한 최고의 학습이다.

세일즈는 흔히 고독한 싸움이라고 한다. 이 말은 나 역시 동감한다. 내가 생각하는 세일즈의 최고의 본질은 바로 '홀로서기'이기 때문이다. 그 누구도 나의 마음을 알아주지 않는다. 사랑하는 아내와 자식도 나의 마음을 100% 알진 못한다. 그도 그럴 것이다. 그래서 더욱 외로운 직업이기도 하다.

그러나 나는 세일즈를 한번쯤은 꼭 경험해야 된다고 생각한다. 지구상에서 이만큼 자신의 존재가치를 드러낼 수 있는 영역 또한 없다고 나는 생각한다. 그래서 한편으론 대단한 가치를 지니고 있는 영역이기도 한 것이다. 자기의 현재 역량을 사회에 투영함으로서 나의 존재의 실체 가치에 대해 조망하게 된다. 세상의 순환 이치를 이만큼 체득하고 자기 몸으로 체화할 수 있는 것은 없다고 본다.

나의 존재의 가치는 고객가치와 일치할 때 살아 숨 쉬게 되며 호흡하게 되는데 고객은 때론 내가 힘들 때 많은 응원과 격려의 메시지를 보내주기도 한다. 이것이 고객과 나의 가치 창출의 정점이라고 생각한다.

나의 사랑하는 가족인 아내와 딸, 어머니가 병으로 지치고 힘들 때 참 의술로 진정한 치료를 많이 해 주시는 고객들을 볼 때 이 사회는 결코 메말라 있지 않음을 몸소 경험하게 된다. 어머니가 허리, 무릎으로 고통 받으실 때 직접 집도하시고 사후 케어까지 해주시는 고객의 모습에서 그 동안 미처 몰랐던 진정한 그 분의 모습을 다시 보게 된다. 나도 모르게 감사의 눈물을 흘리게 된다. 나는 언제나 마음의 빚을 언제 가는 돌려드려야 된다는 사명감을 가지고 있다.

'조금만 더 기다려 주십시오. 꼭 원장님의 귀하신 마음에 보답 드리겠습니다.'

이것은 돈으로는 결코 살 수없는 소중한 가치이다. 그렇기에 고객은 힘들 때나 어려울 때나 함께 멀리 가야 할 진정한 최고의 동반자인 것이다. 이것은 그 무엇과도 바꿀 수 없는 진정한 자기 성장의 최고 학습이지 않은가?

내가 이 순간 힘들면 지금 그만큼 성장하고 있다는 신호로 받아들이자. 이른바 성장통으로 말이다. 이것은 지식보다도 중요한 지혜가 된다. 내가 포기하는 순간 기회는 남에게 돌아간다. 나의 영역이 그 만큼 좁아지면 나의 입지는 불안해 진다. 홀로서기의 강도가 강해질수록 회복탄력성 역시 더 커지는 법이다. 기죽지 말고 의기소침할 필요도 전혀 없다. 당연한 여정이다.

세일즈를 하고 있는 사람들에게 중요한 한 가지 제언을 한다면 난 이렇게 말한다. '자존감을 절대 잃지 말라'고 말이다. 나의 존재 자체가 귀한 존재임을 절대 잃지 않는 자존감 확보가 스스로에게 그 무엇보다 중요하다. 자존심과 자존감은 그 의미가 전혀 다르다. 자존감은 내가 존재해 있는 바로 그 힘 자체이다. 나를 귀히 여기는 자기중심이 확고해 지는 만큼 그 마음이 고객에게 바로 투영되고, 그것이 고객과 함께 멀리갈 수 있는 가장 빠른 길이다. 절대 잊지 말자 자신의 자존감을!

이 순간에도 묵묵히 세일즈의 길을 가고 있는 모든 사람들에게 이렇게 외치고 싶다.

"누가 뭐래도 당신은
이 세상에서 가장 아름다운 사람이라고!"

나의 가족 단상

가족이라는 단어에 대해 나는 평상시 그 소중함을 많이 인식하지 못한 채 살아왔다. 무조건 앞만 보고 달려 온 386세대의 성장위주의 삶이 가져온 당연한 시각이었으리라. 실적에 일희일비하며 내가 잘되는 것이 가족이 잘되는 것이라 믿고 달려오다 보면 가족에게 뜻하지 않게 싫은 소리도 많이 하게 된다.

가족은 특히 어려울 때 큰 힘이 되어주는 최고의 정식적 안식처이다. 인간이라는 존재는 원래 나약한 존재이기 때문에 누군가로부터 위로와 격려를 받을 때 비로소 충만한 삶을 지속, 영위해 나가는 존재라고 생각한다. 게다가 요즘에는 인생 100세 시대에 접어들면서 가족끼리의 동반 삶의 시간도 기하급수적으로 늘어나게 되었다. 덕분에 양적팽창과 필히 보조를 맞추어야 할 가족 구성원간의 질적 수준도 그만큼 중요해졌다. 그래서 노후준비를 제대로 하지 않으면 가족의 패러다임이 흔들릴 수밖에 없는 사회구조 속에서 우리는 언젠가부터 살고 있다. 가족과 함께 인생 2

모작이 아니라 3모작을 준비해야 되는 사회 현실 속에서 우리는 살아가고 있는 것이다.

얼마 전 UN에서는 청년의 연령대 정의를 17세부터 65세로 정의했으며, 90세까지를 중년 그 이후를 장년으로 정의했다. 난 이젠 한창 청년이다. 인생은 지금부터이다. 고령화 사회가 재앙이 아닌 축복의 시간이 되려면 반드시 가족과 함께여야 한다. 진정한 축복이란 혼자가 아닌 같이 호흡하고 격려해 줄 수 있는 든든한 동반자가 있어야 한다. 가족의 소중함을 이렇게 글로나마 써내려간다는 것도 작은 축복이라는 생각이 든다.

결혼을 친구들보다도 늦게 한편이라 당연히 지금의 딸도 늦게 가지게 되었다. 아내가 두 번의 유산을 하고 가지게 된 귀하고 귀한 딸 혜원이는 욕심이 아빠 이상을 닮은 도전과 정열의 아이콘이다. 한 분야에 필이 꽂히면 물불을 안 가리고 집중하는 스타일이다. 게다가 남다른 근성도 있다. 남에게 지는 것을 누구보다 싫어하는데 나보다 심하면 심했지 덜하지 않은 것 같다. 역시 피는 물보다 진한 존재임을 증명해주고 있는 귀한 딸에게 고마움을 말하고 싶다.

현대사회의 신 5복이 화제다. 건강, 가족, 돈, 일, 친구가 바로 그것이다.

첫째가 건강이다. 천하를 얻고도 건강을 잃으면 모든 것이 의미가 없는 이의가 없는 진리이다. 평상시에 건강관리의 중요성을 인식하고 이를 실천에 옮기는 지혜로운 삶이 필요해 보인다. 건강은 건강할 때 지켜야 된다는 말이 그 어느 때 보다 실감이 나는 시대다. 머리는 빌릴 수 있어도 건강은 빌릴 수 없기 때문이다. 나이가 고희를 넘어서도 현역처럼 왕성한 진료활동을 하는 고객들을 뵈면 평상시의 건강관리가 얼마나 중요한지 새삼 느끼게 된다. 건강에 왕도는 없다고 본다. 평상시의 철저한 자기관리가 결국 자기 건강의 평생지킴이가 된다고 나는 굳게 믿고 있다.

두 번째가 바로 가족이다. 사랑하는 아내와 딸이 있지만 넓은 의미의 가족을 나를 낳아주신 부모님도 생각을 하게 한다. 부모님이 계시기에 나의 존재가 있을 수 있지 않은가? 시대를 거슬러 올라가 과거나 지금이나 미래에도 변하지 않을 진리 중의 하나가 '부모님이 살아계실 때 효도하지 않으면 후회한다는 것'이다. 살아계실 때 전화나 자주 찾아뵙는 것이 자식으로서 할 수 있는 최고의 효도임을 다시금 생각하게 된다. 4형제 중 막내로서 어머님의 많은 사랑을 받았던 나였기에 이 마음이 더욱 애틋할지도 모르겠다. 학사장교에 지원하여 영천 3사관학교에서 6개월간 훈련을 받던 후보생 시절이었다. 월 2회의 가족 면회를 6개월 동안 한 번도 빠트리지 않고 오셨던 어머니의 정성은 지금 생각해 보면 정말로 자식을 위한 지극 정성의 발로였다고 생각한다. 입대 동기생들조차도 어머니의 자식 사랑에 감탄을 자아낼 정도였으니 말이다. 살아 계실 적에 더 많은 효도를 할 것을 이 순간 약속해 본다. 가족, 형제간의 우애는 그 어떤 것과도 바꿀 수 없는 소중한 가치가 있는 최고의 자산임을 잊지 말아야 한다.

세 번째가 돈이다. 경제적 여유를 말하는 것이다. 앞서 언급한 노후준비는 이제 선택이 아닌 필수이다. 700만 베이비부머세대처럼 위로는 부보를 봉양하고 아래로는 자식을 양육해야하는 시대적 아픔의 굴레에서 벗어나 자기 스스로의 남은 인생의 삶의 의미를 찾아 나설 때이다. 뭐니 뭐니 해도 머니가 최고라는 말이 그어느 때 보다 실감나는 요즘이다. 퇴직 후 월 얼마가 있어야 최소한의 품위유지를 할 수 있는지 계산해 보라. 노후에 안정적 수입원의 준비여부만큼 중요한 것은 없다. 지금부터라도 서둘러야 할이유이다.

네 번째가 일이다. 노동의 가치는 인간이 성장하는데 있어 반드시 필요한 부분이다. 유희도 사실 일을 하면서 느낄 수 있는 것이지 일 없이는 유희와 쾌락의 존재의미가 있을 수 없다. 이것에관한 재밌는 이야기가 하나 있다.

한 사람이 죽어 하늘나라에 가게 된다. 술과 골프에 카지노에너무 좋은 거주 환경을 가지고 있어 이를 즐기고 있을 즈음 조금씩 삶의 권태를 그 남자는 느끼게 된다. 그래서 하늘나라의 책임자에게 부탁을 한다.

"다 좋은데 저에게 일을 좀 주십시오."

"여기서는 일을 줄 수 없습니다."

"아니 왜 일을 줄 수 없단 말이요. 골프도 하루 이틀이지. 차

라리 나를 그럼 지옥에 보내주세요."

"여기가 지옥입니다."

이 이야기는 일의 중요성을 충분히 느끼게 해주는 예화이다. 일은 자기의 고유 가치를 보여줄 수 있는 등기재산 성격이 있다. 자기 일에 있어서는 타인에게 대체가 불가한 전문가적 소양과 지식으로 무장되어 있는 수준까지 자기 일의 지식을 끌어 올려야 할 것이다. 그래야만 타인에게 나의 일이 넘어가지 않기 때문이다. 대체 불가한 자기 일의 중요성이 점점 커지고 있는 사회 현실이다. 당신의 고유 브랜드는 무엇인가? 당신이 무엇을 상징하고 있는지 고객들이 인식하고 있는지 곰곰이 자문해 볼 일이다.

마지막 다섯 번째가 친구이다. 한 평생 살면서 진정한 친구 셋만 사귀면 나는 성공한 인생이라고 생각한다. 친구만큼 흉금을 터놓고 이야기할 만한 존재는 쉽게 볼 수 없다. 가족에게 이야기하지 못하는 것도 친구에게는 쉽게 이야기 할 수도 있다. 사회 통념상 비슷한 환경에서 자란 것이 큰 동질감을 불러일으키기 때문이다. 학연이 그래서 오래가고 공감대를 형성하는데 있어 중요한 요소가 되는 이유가 되기도 한다. 친한 벗일수록 더 많이 배려하고 베풀어야 함을 요즘 많이 느낀다. 가까울수록 배려와 최소한의 매너를 지켜주어야 그 관계의 지속성이 보장된다. 이해관계가 맞물리면 관계가 단절되며 오래 가지 못한다. 나소 손해 보는 듯한 마음의 자세가 함께 오래 갈 수 있는 지름길이다.

노년에 친구 없는 삶을 상상해 보았는가? 지금부터라도 친구라는 이름의 보험을 들어야 할 것이다. 개인적으로 자기 일에 열중하는 친구를 사귀라고 하고 싶다. 일에 충실하고 책임을 다하는 자는 건강한 인격을 지녔을 뿐만 아니라 주위의 덕망도 많을 것이라는 생각이다. 그리고 절대로 남을 비방하는 자를 친구로 사귀어서는 안 된다. 그러기에 우리 인생은 너무나도 짧기 때문이다.

가족 단상을 이야기하고 있다. Family를 풀어서 말하면 Father and Mother가 서로 I love You를 하는 단어이다. 기가 막힌 뜻풀이인데 전혀 이의가 없을 정도로 완벽하다. 서로가 서로를 위하는 마음이 내재되어 있어야 가족이라는 힘이 오래 지속될 수 있는 안식처가 되지 않을까 싶다.

딸 혜원이는 생명력이 대단한 아이다. 아내가 두 번의 유산이 있은 후에 가진 아이이기 때문이다. 임신 때부터 활동력이 왕성하여 아내 뱃속에서 이리 저리 움직임이 대단했었다. 혜원이를 출산할 때를 말할 때면 언제나 아내에게 미안한 마음이 절로 든다. 낮에 일하고 있을 때 진통이 온다는 전화를 받았지만 아직 예정일이 아니기에 좀 더 참으라는 말을 한 후 나는 저녁에 퇴근을 하였다. 저녁식사 중에도 아내가 불규칙적인 진통을 계속하기에 안 되겠다 싶어 산부인과에 서둘러 간 시간이 저녁 10시경으로 기억된다. 약 서너 시간이 경과된 다음 날, 새벽 1시 42분에 건강한 딸아이가 세상에 빛을 보게 됐는데 그 아이가 바로 지금의 혜원이다.

낮에 진통을 하루 종일 다 한 상태에서 (결과론적이었지만) 병원에 늦게 갔더라면 큰일 날 뻔했다는 생각이 지금도 든다. 건강하게 아이를 순산해준 아내와 지금까지 건강하게 자라준 근성과 열정의 아이콘인 우리 딸 혜원이에게 고맙다는 말을 지면으로나마 전해주고 싶다. 우리나라 남자들은 표현에 인색하다고들 하는데 나는 표현력이 풍부한 편이다. 표현하지 않으면 알지 못하고 알지 못하면 모르는 것과 같기에 무지의 상태와 별반 다르지 않다. 지양해야 될 인생이다. 앞으로 살아가야 할 시간보다 살아온(?) 시간이 많기에 더 많이 표현하고 싶은 마음은 변함이 없다. 생각하는 사유의 힘과 더불어 표현할 수 있다는 것은 인간만이 가진 특권이라고 본다.

◎ 학습 분위기 조성, '독서'

요즘 내가 가장 많이 표현하며 신경 쓰는 것은 가족 간의 자연스러운 독서 분위기 조성이다. 미래 부의 최고 원천은 '지식'이라고 생각한다. 지식을 쌓는 가장 좋은 학습법은 역시 독서가 으뜸이다. '니체의 말'에 보면 꼭 읽어야 될 책으로 읽기 전과 읽은 후 세상이 달라 보이는 책, 우리들을 이 세상의 저편으로 데려다 주는 책, 읽는 것만으로도 우리의 마음이 맑게 정화되는 듯 느껴지는 책, 새로운 지혜와 용기를 선사하는 책, 사랑과 미에 대한 새로운 인식, 새로운 관점을 안겨주는 책을 들고 있다.

학습을 멈춘다는 것은 성장을 멈춘다는 것이다. 죽음을 의미하는 것이다. 목숨만 붙어 있다고 해서 산 게 아니다. 학습을 멈추는 그 순간 식물인간으로 사는 것이다. 나이 마흔 살에 공부를 멈추었는데 장례식을 여든 살에 치루었다면 40년간의 세월은 죽은 목숨을 연명해 나간 것에 불과한 것이다. 숨만 쉰다고 다 살아 있는 게 아니다. 평생학습은 이미 선택이 아닌 필수시대로 들어선지 오래이다.

학습(學習)은 배우고 익히는 것이다. 習은 한자로 날개 짓을 백번씩이나 해야 익혀진다는 상형문자의 뜻이다. 지금은 빅 데이터의 시대이며 정보의 홍수시대이다. 마음만 먹는다면 관심분야의 정보들을 언제 어디서든 쉽게 접할 수 있고 학습할 수 있다. 너무 정보가 많아 오히려 이를 취사선택해야 될 상황이다. 포털 다음 TV팟에 가보면 지식채널 등에서 인문학강연 등 많은 양질의 콘텐츠들을 접할 수 있다. 나의 사유의 힘을 키우는 노력만이 인생 100세시대의 진정한 삶의 가치를 누리게 되는 든든한 지적 재산이 될 수 있을 것이다. 당연히 TV, 스마트 폰 등에서 게임이나 인기 성 프로그램의 시간을 없애나가는 것이 필요하다. 게임 등은 결국 나의 삶을 서서히 갉아먹는 일회성 시간 때우기 좀비에 지나지 않는다. TV, 스마트 폰 등으로 인한 대화의 단절은 인생을 참으로 핍박하게 만든다. TV는 가족회의를 거쳐 거실에서 치우려는 계획을 하고 있다. 한 번뿐인 인생을 바보상자와 놀기에는 너무 우리 인생이 유한하니까 말이다.

◎ 또 하나의 가족, '여행'

여행이라는 단어는 듣기만 해도 설렌다. 현대인들에게 있어 여행은 삶의 활력소이자 재충전의 최고의 근원지이다. 그리고 자기를 한 번쯤은 되돌아보게 하는 자기 자화상이기도 하다. 아내와 딸은 여행을 무척이나 좋아한다. 특히 딸은 비행기 타는 것을 워낙 좋아하는데 스스로 자칭 비행기 체질이라고 평가한다. 이런 여행을 직장에 몸담고 있다 보면 자주 못 가게 되는 것이 현실 아닌 현실이기도 하다. 여름휴가도 연중휴가가 아닌 최고 성수기 중의 성수기인 8월초에 가게 되니 여간 일정 등을 잡기가 쉽지 많은 않다.

마지막 여행이 작년에 큰마음 먹고 다녀온 싱가포르 여행이었다. 세계에서 하늘과 가장 가까운 수영장인 싱가포르의 랜드 마크인 마리나베이센즈 호텔 57층에서의 수영은 지금까지도 최고의 추억을 우리 가족에게 선물해주고 있다. 기회가 되면 꼭 다시 찾고 싶은 곳이기도 하다.

개인적으로는 휴양지였던 필리핀의 보라카이 여행이 기억에 많이 남는다. 세계 3대 비치중의 하나인 화이트비치에서의 수영은 낭만 그 자체였다. 호텔에서 걸어서 1분 거리에 천혜의 아름다운 세계적 비치가 있다는 것만으로도 행복한 데 필리핀 특유의 느림의 미학을 마음껏 누릴 수 있는 것이 또 다른 특권일지도 모르겠다.

사랑하는 딸 혜원이가 지금 하고 있는 미션이 10월경 마무리 되면 멋진 가족여행을 다시 다녀올 계획이다. 시간과 장소는 미정이다. 미정이 주는 미완의 설렘을 마음껏 누리는 중이다.

"사랑하는 우리 딸 혜원아. 조금만 더 힘내고 즐기면서 끝까지 파이팅하자! 천재는 노력하는 사람을 이길 수 없으며, 노력하는 사람은 즐기는 사람을 이길 수는 없음을 늘 명심하도록 하자. 아내와 딸 혜원이에게 꼭 하고 싶은 말이야. 많이, 많이 사랑해!"

서은국 작가의 '행복의 기원'이라는 책을 보면 이런 구절이 나온다. "사랑하는 사람과 음식을 먹는 것 그것이 행복이다." 우리의 원시적인 뇌가 여전히 가장 흥분하며 즐거워하는 것도 바로 이 두 가지다. 음식, 그리고 사람. 많은 것을 생각하게 한다. 행복이라는 것이 크고 거창한 것도 아니다. 음식과 사람. 즉 사랑하는 사람과 맛있는 음식을 먹는 것이 진정한 행복이라는 것이다. 나는 지금 가족에 대해 이야기하지만 가장 큰 행복을 맛보고 있는지도 모른다. 단지 느끼지 못하고 모르고 지나 갈 뿐이다. 건강하게 가족과 함께 맛있는 음식을 먹을 수 있는 가족의 소중함과 행복함에 오늘은 푹 빠져들고 싶은 날이다.

이초연
중국어강사 겸 통, 번역가
자기계발 작가

4개 국어가 가능한 저자는 사람들에게 언어를 가르치는 일에 매력을 느껴 지금은 중국어를 가르치는 일을 전업으로 삼고 있다. 배움이 고픈 많은 사람들에게 교육을 해줄 수 있는 비영리단체를 설립하고 싶은 꿈을 품으며 지금도 긍정적인 마인드로 많은 학생들을 가르치고 있다.

지을 책으로는 〈그래도 성공이다〉가 있다.

iluvneko87@naver.com

CHAPTER 3

이초연,
그래서 성공이다

1

엄마 딸로 태어나줘서 고마워

어린 시절 나도 언젠가 결혼을 해서 아이가 생긴다면 어떤 모습일지, 딸이 될지 아들이 될지 그렇게 훗날 일을 상상해 보았던 기억이 있다. 나는 평범한 부모님의 밑에서 평범한 한 가정의 막내딸로 태어나 평범한 학창시절을 보냈고, 유학시절 우연히 만난 한 남자와 결혼을 해 지금은 한 아이의 엄마이자 중국어 강사로 그렇게 평범하게 살아가고 있다.

예전에 비해 결혼적령기가 늦어지고, 노산이 많은 요즘 시대에 난 주위 친구나 지인들보다는 결혼을 조금 일찍 한 편이다. 결혼 할 때만 하여도 조금은 어린 나이였고 당연히 2세 계획은 아직 없었지만, 결혼 2개월 만에 임신 사실을 알고 나서 본인인 나도 그랬고 남편이나 부모님을 포함한 모든 사람들이 당황스러워했다.

엄마, 아빠는 물론 시부모님들까지도 달갑게 여기지만은 않으셨다. 딸아이를 키우는 엄마 입장에서는 아직 내가 어린 나이였기도 하고 그런 딸아이를 시집보낸 지가 얼마 되지도 않았는데 그 아쉬운 마음이 채 가시기도 전에 임신이라니 당황스럽기만 하셨을 것이다. 그리고 그때 당시까지만 하여도 결혼하지 않은 아주버님이 계신 상태였기에 시부모님 입장에서는 임신 소식이 그렇게 반갑지만은 않았을 것이다. 입버릇처럼 '물론 결혼은 너희를 먼저 시키지만 아이는 그래도 아주버님이 먼저 낳아야 하지 않겠느냐'라는 말을 여러 번 하셨기 때문이다. 하지만 우리 부부는 이내 하늘의 축복이라고 생각하고 받아들였고 태어나게 될 아이를 위해 감사하고 기뻐했다. 어찌됐든 그렇게 시간이 지나면서 양가 부모님들도 자연스럽게 축복을 해주시기 시작했다.

그리고 드디어 10개월을 그렇게 뱃속에서 꼬물거리던 아기가 태어났다. 병원에서 처음 아기 얼굴을 보자마자 얼마 지나지 않아 신생아실에 데려갔고 잠깐 잠깐씩 아기를 수유 할 때만 데리고 올 수 있었다. 그렇게 며칠 입원해 있는 동안에는 엄마가 되었다는 사실이 전혀 실감이 나지 않았다. 엄마의 역할이 무엇인지 준비도 되어있지 않았고, 처음이어서 그런지 모든 것이 서툴고 낯설기만 했다.

한 두 시간마다 일어나서 우유를 먹이고는 하루 종일 잠만 자는 아기를 보면서 마냥 신기했다. 눈만 뜨면 울고 우유를 주면 잠들었다. 아이는 태어날 때부터 피부가 조금 약한 편이었는데 흔히들 말하는 아토피 증상이 조금 있었다. 돌이 다 돼 갈 무렵 확실한 진단을 받아보려고 병원에 갔는데 아토피가 맞는 것 같다고 하면서 어쩔 수 없다는 듯이 태연하게 말하는 의사의 말에 마음이 많이 아팠다. 아토피는 요즘 세상에 흔한 증상이고 이보다 훨씬 더 몸이 불편하거나 더 많이 아픈 아이들을 키우는 엄마들도 있다고 하지만, 너무 마음이 먹먹한 일이었고 어떻게 해야만 할지 몰라 눈물만 자꾸 났다. 단지 지금보다 증상이 더 악화되지 않길 바랄 뿐이었고 의사가 말한 대로 방 안의 습도 조절이나 피부를 건조하지 않게 하기 위해 보습을 잘 해주라는 말에 최선을 다해서 내가 할 수 있는 것을 다 해야겠다고 마음을 다졌다.

그렇게 아이는 시간이 갈수록 잠들어 있는 시간보다 깨어있는 시간이 길어졌고 함께 하는 시간동안 아기와 눈만 마주쳐도 나는 행복해졌다. 아토피증상이 악화되지 않게 하기 위해 천 기저귀를 빨아서 쓰고 물티슈로 엉덩이를 닦아본 적이 없이 물로 씻겨주고 보습에 신경을 썼다. 혹시라도 로션이 안 맞아서 그럴 수도 있다고 생각하여 아기 로션 종류만 해도 수십 가지를 바꾸기도 했다.

그렇게 하루하루 날이 갈수록 주기적으로 안 좋아 지다가 다시 좋아지기를 반복하였고 다행인 것은 더 악화되지는 되지는 않아 보였다. 그렇게 보들보들한 아기 피부를 만지는 일이 당연한 일이 아닌 너무 감사한 일이 되었고, 그것에 감사할 수 있음에 또 감사해 했다. 아이로 인한 기쁨과 행복감이 늘어만 갔고 매일매일 새로운 걸 보게 되는 행복감에 자식에 대한 사랑이 이런 것이구나 하는 걸 느낄 수 있었다.

어떻게 이렇게 귀여울 수가 있을까? 이보다 더 사랑스러울 수가 있을까? 하는 마음으로 매일 매일 행복해하며 살아가게 되었다. 처음에는 우리 부부가 부모가 될 준비가 안 되어 있는 상태에서 아이가 생겨 겁이 났고 당황스러웠었는데 그 모든 걸 아이를 키우면서 극복할 수 있었던 것 같다. 지금 생각해보면 참 많이 성장해온 자신을 발견 할 수 있다. 그러나 앞으로도 더 많이 성장하고 변화되어야 할 것이며, 또 그렇게 성장해 가는데 있어서 자식을 빼놓을 수가 없는 것 같다. 조금씩 아이가 크면서 말을 시작할 무렵에는 TV에 나오는 유명 개그프로를 보면서 아이가 그걸 하나씩 다 따라하는 것을 보고 그래서 어른들이 '아이 앞에서 물도 함부로 마시지 말라'고 하셨구나 하고 생각이 들기도 한다. 말 한마디, 행동 하나도 조심해서 해야 하고 자식에게는 좋은 모습 좋은 것만 보여주고 싶은 바람에 더 조심히 신경을 쓰고 한 번 더 생각하고 하게 되는걸 느끼게 된다. 누구나 아이를 키울 자격이나 그럴 준비가 다 되어 있어서 부모가 되는 게 아니라, 아이를 키우면서 아이가 부모를 부모로 만들어주는 것 같다.

'눈에 넣어도 안 아플 자식'(you are the apple of my eye)라는 말이 있다. 내 아이가 태어나고 나서도 한동안은 이해할 수 없고 실감을 할 수 없었던 말이었다. 그러나 시간이 갈수록 이 말을 조금씩 이해해 가는 것 같다. 그렇게 태어나준 아이에게 고맙고 나에게 와줘서 너무 고맙고 감사하다. 지금은 그 누구보다도 건강하고 밝은 아이로 커줘서 너무 고맙고 지금까지 살면서 가장 행복한 것을 경험하게 해준 것에 또 감사하다. 이 아이가 없었다면 내가 눈을 감는 날까지 알 수조차도 없는 세상을 나에게 경험하게 해줘서 너무 고맙다. 모든 것이 아직은 부족한 나에게 오늘 아침에도 내가 만들어준 요리를 먹으면서 "엄마가 해준 게 제일 맛있어!"라고 말해주는 아이가 있어 너무 감사하고 행복하기 그지없다.

내가 열심히 할 수밖에 없는 원동력이고 아이가 커감에 있어서 부족함이 없이 원하는 것을 해주고 싶은 것이 지금의 마음이다. 이 사랑스러운 아이가 하고 싶어 하는 것, 그리고 하려고 하는 것을 부족함 없이 해줄 수만 있다면 얼마나 좋을까. 그러기 위해서 오늘도 더 열심히 살아가야지 하는 마음을 먹고 힘을 낼 수 있다. 아이가 없었다면 대충대충 살았을지도 모를 내 삶을 이렇게 더 나아갈 수 있는 마음을 먹게 해준 아이에게 너무 고맙고 지금 글을 쓰고 있는 이 순간에도 너무 보고 싶다.

딸아이는 나에게 삶의 원동력이다. 앞으로 내가 무엇을 더 이뤄나갈지, 더 할 수 있을지는 모르지만 나는 딸아이가 내 딸로 태어나준 것만으로 이미 성공이라고 여긴다. 아무리 노력해도, 아무리 애를 써도 내가 이런 딸을 낳을 수 있는 것은 아니지 않겠는가? 하늘이 선물해준 나의 딸, 세상 무엇과도 바꿀 수 없는 딸이 있어 나는 그래서 성공이다.

❷

엄마 오래오래 내 옆에 살아줘

우리 엄마는 여섯 남매 중 다섯째로 태어났다. 위로는 언니 오빠들이 계시고 어린 시절부터 막내처럼 예쁨을 받고 자랐다고 한다. 외할아버지는 일찍 돌아가셨고 외할머니가 계셨는데 내가 어릴 때 우리 집에 자주 놀러오셨다. 나이가 들면서 외할머니는 중풍을 앓으셨고 그 뒤로 내가 중학교를 다닐 때까지 우리 집에서 함께 지내셨다. 그 덕에 언니도 나도 외할머니랑 아주 아무 거리낌 없이 장난도 치는 가까운 사이로 그렇게 지냈다.

가끔은 언니와 서로 싸우기라도 하면 몇 날 며칠 동안 서로 말도 섞지 않고 삐쳐 있을 때가 한 두 번이 아니었다. 자매가 있는 집은 이 상황을 더 잘 이해할 수도 있을 것이다. 그처럼 나도 외할머니와 싸우고는 그렇게 서로 말도 안하고 삐치는 일이 한 두 번이 아니었다. 외할머니 이름을 친구 이름 부르듯이 부른다던지 그런 외할머니가 귀엽다고 상 볼을 잡고 쇼십는다던지 등의 행동은 예삿일이었고, 중풍으로 거동이 불편하고 움직임이 더딘 외할머니와 장난을 치는 일이 너무 재미있었다.

게다가 외할머니는 귀도 조금 어두운 편이셔서 보청기를 하고 계셨는데 낮에는 거의 혼자 집에 계셔서 보청기를 잘 안하고 계시는 경우가 많았다. 그래서 누군가 집에 들어오는 소리도 잘 듣지 못하셨다. 그걸 아는 나는 집에 들어올 때마다 조용히 외할머니 뒤에 조용히 다가가서 놀래 키고는 도망가는 일도 허다했다. 그럼 외할머니는 또 아이처럼 며칠씩 삐치셔서 꼭 달래드려야 화를 풀곤 하셨다.

외할머니가 우리 집에 계시다 보니 친척 분들이 자주 외할머니를 뵈러 오셨다. 오실 때마다 친척 분들이 외할머니를 드리려고 사갖고 오는 과일이나 맛난 음식들이 있었는데 그런 과일 같은 것이 생길 때마다 외할머니가 넣어두시는 보물 상자와도 같은 가방이 있었다. 그리고 나랑 언니가 집에 오는 걸 기다리셨다가 우리가 오면 보물 상자에서 보물 하나씩을 꺼내주시곤 했다. 그리고 우리가 좀 커서 학교 때문에 멀리 가게 되고 외할머니 혼자 계시는 시간이 더 많아지면서 외삼촌댁에 가셔서 지내게 되셨는데 그 뒤로는 자주 뵙지 못하게 되고 말았다.

그리고 얼마 후 외할머니는 몸이 안 좋아 지시면서 거의 누워만 계셨는데 내가 19살이 되던 해 어느 날, 외할머니가 위독하시다는 전화를 받고 엄마랑 같이 달려갔는데 그 날 뵈었던 외할머니의 마지막 모습이 지금까지도 너무 생생하게 기억에 남아있다. 외할머니는 엄마와 나를 보고는 너무 반가워 하셨지만 크게 목소리도

낼 수 없을 만큼 지쳐 계셨고, 마치 마지막까지 우리를 기다리고 계시기라도 한 듯 나지막이 이름을 불러주셨다. 얼마 전부터는 식사도 안하시고 누워만 계셨다는데 엄마가 와서 입에 떠드리자 소고기무국을 한 그릇 다 드셨다. 그로부터 잠시 동안의 시간이 흐르고 나서 조용히 잠드시고 말았다. 그 모습은 마치 우리 집에 같이 계실 때 봤던 외할머니의 평소 주무시는 모습과 너무나도 똑같아서 돌아가셨다고는 믿을 수 없을 만큼 편안해보였다.

난 그 때 미처 그렇게 자신의 엄마를 떠나보낸 엄마의 마음이 어떨지 헤아리지 못했다. 그 뒤로 어떤 심정으로 엄마가 어떻게 살아왔을 지에 대해서는 생각해보지 못했고, 기억도 잘 나질 않았다. 지금 결혼을 해보고 자식을 낳고 키우다 보니 그 때의 엄마 심정이 어땠을지 생각해보면 너무 큰 슬픔이었다는 것 밖에는 상상조차 되지 않는다. 원래 엄마가 속내를 잘 밝히거나 표현하지 않는 성격이여서 가까이에 있던 언니와 나조차도 그 기분을 알 리가 없었을 것이다. 근데 10년이 지난 지금까지도 엄마는 "나도 엄마가 살아 계셨으면 참 좋을 텐데..."라는 말씀을 종종 하시곤 한다. 그때마다 난 그냥 흘려듣곤 했는데 지금 돌이켜서 생각해보면 얼마나 마음이 측은한지 모르겠다. 엄마도 그렇게 막내로 예쁨 받고 자라던 어린 아이였을 텐데 어느새 60세가 넘은 할머니가 되어 있는 것이다. 평생 늙지 않을 것만 같고 강하기만 할 것 같은 우리 엄마, 평생 내 옆에 함께 계실 것만 같은 우리 엄마인데 외할머니 생각을 하면 우리 엄마도 그렇게 엄마를 떠나보낸 순간에 얼마나 세상이 무너지는 것 같았을까. 세상에 더 이상 기대고 투정부릴 곳이 없다는 것이 얼마나 슬픈 일일까. 나도 언젠가 그런 날이 온다고 생각하면 지금 이 순간을 소중하게 여기고 감사하게 여기며 살지 않을 수가 없는 일이다.

중학교 다닐 때 친구가 세상의 전부라 여기고 우정에 목숨을 걸 것만 같았던 시기에 친구들이랑 한창 뛰노는 것이 좋아서 엄마 말은 귀에 들어오지도 않던 반항시절에 엄마는 왜 이렇게까지 나를 간섭하고 괴롭힐까 라고 생각한 적도 있다. 근데 이제야 비로소 조금은 그 심정이 이해가 간다. 그리고 언젠가 나도 내 아이가 커서 내가 공감할 수 없는 그런 피해갈 수 없는 세대 차이가 생길 때 아이가 세대 차이를 논하면서 나를 무시한다면 그 상황들을 과연 내가 받아들일 수 있을지 생각해보면 어린 시절 엄마한테 했던 나의 어리석은 행동들이 너무나도 가슴 아픈 일이 아닐 수가 없다. 어쩌면 그래서 '아이는 세 살까지 평생 할 효도를 다 한다'라는 말이 생겨난 것일 지도 모르겠다. 어쩌면 내가 상처받지 않기 위해서는 먼저 놓아버리는 것이 현명한 선택이 될 수도 있지 않을까 하는 생각이 들기도 한다.

어린 시절부터 엄마, 아빠 그리고 언니의 사랑을 독차지 하면서 막내로 지내왔던 나는 누군가에게 베풀기보다 늘 받는데 익숙했다. 내가 사회에 첫걸음을 내딛기 시작했을 때 엄마는 얼마나 걱정스러웠고 마음을 졸이면서 나를 학교에 보냈고 조금이라도 부족함 없이 해주려고 얼마나 최선을 다 해서 노력하고 키워

주셨는지 이제 조금 헤아릴 수 있을 것 같다.

부모는 자식이 60세 노인이 되어도 마냥 어린아이 같고 걱정스럽다고 한다. 머리로 이해가 되는 것은 아니지만 그 말의 의미를 조금은 알 것도 같다. 나도 이제 결혼도 했고 아이도 있는 한 가정의 아내이며 한 아이의 엄마이지만, 우리 엄마는 아직도 우리 집에 오시면 나에게 어린 아이처럼 걱정스런 눈빛으로 잔소리를 퍼붓는다. 그럴 때마다 잔소리로 생각할 때가 더 많지만 지금까지 그 농도가 짙은 사랑을 내가 받고 성장해왔기에 사랑하는 법을 알고 내 자식을 사랑할 줄 아는 그런 사람, 그런 엄마를 닮은 엄마가 될 수 있지 않았을까 생각한다.

부모가 자식을 목숨처럼 아끼고 사랑하는 그 모든 일들이 당연한 것만은 아니다. 누군가에게는 사랑하는 법을 몰라서 사랑을 주고 싶어도 주지 못하는 사람들도 있는데 난 누구보다 많은 사랑을 부모님께 받아온 덕분에 그렇게 당연하게 사랑받고 사랑하며 살아가고 있는 것이라 생각한다.

"모든 사람들이 내가 외할머니한테 충분히 할 만큼 했다고, 너만큼 하는 자식은 없다고 말했지만 난 외할머니가 돌아가셨을 때 더 잘해드리지 못한 것이 지금까지도 너무 마음에 걸리고 아파서 아빠, 엄마가 죽고 나서 너희가 그런 마음이 들어할까봐 엄마는 그게 더 마음이 아프다."라고 엄마가 하신 말씀이 기억난다.

사람은 평생 부모님과 함께 지낼 수 있는 시간이 그렇게 많지 않다. 어린 시절 엄마의 손이 닿아야 할 시기에 사랑을 충분히 받지 못하면 평생 그럴 기회가 다신 없을지도 모르는 일이다. 머리가 커지고 스스로 생각을 할 수 있는 나이가 되고 나면 자연스럽게 부모님과의 거리감이 생기고 그로 인한 벽이 생기게 될 것이다. 그렇게 되기 전에 더 많은 시간을 아이와 함께, 그리고 부모님과 함께 할 수 있을 지금 더 많은 시간을 함께 할 수 있기를 바라본다.

아직은 부모님이 보시기에 너무나 부족하고 철없는 어린 아이일 테지만 엄마, 아빠가 더 오래오래 나를 위해 이 세상을 함께 살아주셨으면 좋겠다. 그렇게 나에게도 부모님께 받은 사랑을 돌려드릴 수 있는 기회를 주셨으면 좋겠다. 엄마, 아빠에게 받은 사랑을 십분의 일 만큼이라도 응답을 해드릴 수 있는 날이 오길, 그 사랑을 돌려드리는 날 그 날까지 조금만 더 믿고 기다려주기를. 이 책을 빌어서 이 말을 전해 본다.

"엄마, 아빠. 사랑합니다."

내가 나의 부모님에게 사랑을 받고, 그 사랑을 내 자식에게 전해줄 수 있는 것도 성공이라 생각한다. 내가 온전히 사랑받는 법을 나의 부모님에게서 느끼지 못했다면 내가 사랑하는 나의 딸에게 온전히 사랑을 주는 법을 알 수 있었을까? 맹자는 군자의 즐거움 중 하나로 부모가 살아계신 것이라고 했다. 내겐 아직 날 무한정 사랑해주는 부모님이 살아 계시기에, 그래서 그 사랑을 아직 무한정 더 느낄 수 있기에 그것만으로도 너무 즐겁고 행복한 삶이다.

고마운 나의 또 하나의 부모님

세상 대부분의 사람들은 결혼을 하고나면 나를 낳아주신 부모님이 아닌 또 다른 부모님을 만나게 된다. 지금까지 함께 살아왔던 환경과 가정이 아닌 또 다른 하나의 가족을 만나게 되고 또 가족을 이루면서 살아가게 된다. 결혼은 한 남자와 한 여자의 만남이 아니라 한 가족과 다른 한 가족의 만남이기 때문에 정말 생각처럼 단순하고 쉬운 일은 아니다.

남녀가 서로 사랑해 결혼하고, 결혼을 하고 나서도 여전히 사랑하지만 두 사람만의 문제가 아닌 다른 문제로 갈라서는 경우도 허다하게 많다. 가족들 사이의 문제거나, 회사의 문제거나, 자식 문제 등 이외에도 여러 많은 문제들이 기다리고 있다. 이런 문제들은 어느 부부에게나 흔하게 있는 가벼운 문제일수도 있지만 때론 결국 헤어지기까지 하는 복잡하고 어려운 문제로 커지기노 하는 것이다. 그 중에서도 시댁에 관한 얘기는 며느리의 입장에 있는 누구에게나 가볍지만은 않은 얘기, 혹은 문제가 될 것이지만, 이 부분에 있어서는 난 정말 복이 많은 사람이라고 생각한다.

평범하지만 행복한 한 가정에서 태어나 20여년을 살다가 결혼을 해 처음 만나 뵙게 된 시부모님은 친부모님 못지않게 따뜻하고 고마우신 분들이다. 결혼 전에 인사를 드리고 뵙게 된 시간이 지금까지 5년이 다 되어 가는데 지금까지 늘 한결 같은 모습으로 날 사랑해주고 계신다. 먼 시골에 사시는 시부모님은 명절이나 생일이 되면 항상 맛있는 음식을 손수 만들어 싸가지고 그 먼 거리를 한걸음에 달려와 서울까지 음식을 가져다주신다. 또 수시로 먹고 싶은 음식이 있는지 물어보시고는 그 음식을 만들어서 보내주시곤 한다. 가끔 남편이랑 크거나 작은 일로 다툼이 있는 경우에도 언제나 늘 내 편이 되어 나를 이해한다고 말씀해주시면서 늘 잘한 것도 없는 나에게 오히려 고맙다는 말로 나를 위해주신다.

내가 결혼 한 지 두 달 만에 임신을 하게 되자 아들만 둘 뿐인 시어머님께서는 나를 딸처럼 잘해주고 싶어 출산 후 산후조리를 직접 해주시겠다고 하셨고, 직장을 다니고 있던 나는 36주가 되던 시점에 직장을 그만 두고 시댁인 포항에 내려가 출산 준비를 했다. 마침 그 시점에 시어머님은 팔목 인대수술을 하셨는데 병원에서 무리하면 안 된다는 말에도 제 몸 아까운 줄 몰라 하며 나를 돌봐주셨다.

저러다 손목이 더 안 좋아지시면 어떡하나 걱정도 앞서고, 고민도 됐지만 집안형편이 썩 좋지 않았던 우리 부부가 조리원에 가기에는 무리가 있어 결국 시어머님의 보살핌을 받을 수밖에 없었다. 여러 가지로 고민도 했었지만 그래도 예정대로 시댁에 가게 되었고, 너무나 시어머님과 사이가 좋았던 나는 시댁에서 지내는 것도 그리 불편하지 않았다.

그렇게 시어머님은 내가 시댁에 내려가서부터 아픈 팔목을 하시고도 내가 불편해 할까봐 그 아픈 기색 한 번 드러낸 적이 없으셨다. 출산을 하고 나서도 손에 물 한 방울 묻히지 않게 하려고 애쓰셨고, 아기 목욕이며 젖병 설거지 같은 크고 작은 육아에 관한 모든 일들을 혼자서 도맡아 하셨다. 나중에 알게 된 사실이지만 수술한지 얼마 되지 않아 무리하면 안 되는 아픈 팔을 계속 움직여 너무나도 통증이 심했고 부어오르기까지 했다고 한다. 그렇게 시어머니는 나를 위해 몸을 사리지 않으시고 최선을 다해서 보살펴주셨다. 그러나 지금 나도 아이를 낳고 키우면서 느낀 사실이지만 부모님이 하는 일들을 자식은 모두 알지 못하는 것 같다. 그 사랑을 다 헤아리지 못하는 것 같다는 말이다.

지금의 나도 오직 아이를 위해 온갖 정성을 들여가면서 조금 더 좋고 건강한 모유를 먹이기 위해 음식도 맵고 기름진 음식을 가려가면시 먹고, 또 아이가 조금 커 이유식을 먹일 때에도 온갖 재료들을 손질해 골고루 먹여 편식 안하는 아이로 키우고자 노력을 했다. 아이가 조금 더 커 밥을 먹을 나이가 된 지금도 항상 아이가 먹는 음식만큼은 신경을 써서 만들고 끼니마다 새로 지은 따뜻한 밥을 먹이려고 신경을 쓰고 있다. 하지만 그런 엄마 마음도 모르고 반찬투정이나 맛없다고 안 먹는 아이를 볼 때면 정말 속상하고 화도 나게 된다. 아직 어린 아이가 그런데도 가끔 이런저런 일들로 서운한 마음이 들 때가 있는데 아이가 점점 크고 성인이 되어 자기만의 생각이나 자기만의 세상이 생긴 경우에는 여러모로 서운한 마음들이 더 많이 생길 수밖에 없을 것이다.

그렇게 나의 시부모님한테도 내가 자식이라는 하나만으로 얼마나 서운하게 만들고, 못되게 굴었는지 기억도 다 나지 않을 정도이다. 그럼에도 시부모님은 이런 나를 언제나 한결 같은 마음으로 예뻐해 주시고 사랑해주셨다. 그저 자식이라는 것 하나만으로 지금까지도 언제나 그 처음 같은 마음으로 내 편이 되어주고 계신다.

그저 좋은 시부모님을 만났다고 그게 무슨 성공이냐고 말하는 사람들도 있을 것이다. 하지만 나는 절대 이것을 당연한 일이라고 생각하지 않는다. 좋은 남편을 만나고, 그 남편 덕분에 좋은 또 다른 부모님을 만날 수 있는 것은 큰 축복이자 성공이라고 나는 여긴다. 세상에 그 무엇도 당연하게 주어지는 축복은 없다고 믿기 때문이다.

결혼 전까지 나를 낳고 키워준 부모님께 받은 사랑에서부터 결혼하고 나서 시부모님의 사랑까지 더해 2배, 4배로 부모님들의 사랑을 더 느끼고 받아가며 살아가고 있다. 물론 지금의 나처럼 양가 부모님들께 무척 사랑받고 있는 사람들도 있을 것이다. 그리고 또 누군가는 나와 같은 사랑을 받지 못해 슬프고 힘든 사람들도 있을 것이다. 그런 사랑을 받지 못했다고 성공이 아니라고 말할 수는 없겠지만, 그런 사랑을 받고 있다면 그것 또한 성공의 일부로 여겨도 좋다고 나는 생각한다. 누군가에게 사랑받는 것이 당연한 것은 그 어디에도 없으니 말이다.

성공이란 언제나 거대하고 거창한 것이 아니다. 그저 내게 주어진 사소한 것에도 감사함을 느끼고, 감사할 수 있는 것에 기뻐할 수 있다면 그것이 성공이 아닐까? 우리가 하루를 살아가면서 단 1분이라도, 단 1초라도 웃을 수 있다면 웃을 수 있다는 것만으로도 나아갈 수 있는 것이고, 그렇게 나아갈 수 있다는 것은 그래서 성공할 수 있다는 것을 의미한다.

내가 있고, 지금 이 책을 읽고 있는 눈이 있고, 책을 넘기는 손, 책을 보며 생각할 수 있는 머리가 있다면 웃을 수 있는 것을 찾을 수 있고, 고마워할 수 있는 것을 분명 찾을 수 있다. 그리고 그래서 성공할 수 있는 것이다. 그래서 성공인 것이다. 우리는 그래서 성공이다.

나는 중국어 강사이다

나는 중국어 강사이다. 처음부터 누군가에게 무엇을 가르친다
는 것에 대해 생각해보고, 가르치는 일이 나의 적성에 맞는 일이라
고 생각해왔던 것은 아니다. 결혼 초반에 통번역 일을 하는 회사
에서 일을 했었는데 아이가 태어나면서 퇴사를 하고 당분간은 육
아에 전념하려 했다. 하지만 남편이 무리하게 시작한 사업이 파산
을 맞게 되면서 생계를 위해 어쩔 수 없이 취업준비를 하게 되었
고, 내가 할 수 있는 범위 안에서 일을 찾다 보니 중국어 강사직
을 찾아 한 학원에 취업을 하게 되었다.

그렇게 나는 등 떠밀리듯이 일을 시작하게 되었다. 그때까지만
해도 누군가를 가르쳐 본 경험이 전무 했고, 낯을 좀 가리는 편이
었던 내가 누군가에게 무엇을 가르치는 일을 시작하기엔 어려운
점이 한, 두 가지가 아니었다. 처음부터 지레 겁을 먹고 잘해낼 수
있을까? 하는 걱정도 많이 했고, 강사라는 직업에 적응하기까지
힘든 시간을 보냈어야 했다.

하지만 걱정과 달리 의외로 적성에 잘 맞았는지 학원의 원장님한테도 적응력이 빠르고 가르치는 일에 소질이 있다고 칭찬을 받을 수 있었다. 또 동시에 나 역시 이 일에 대한 재미와 그 뿌듯함을 조금씩 알아가기 시작했다. 지금 생각해보면 강사 경험이 없던 나를 무작정 믿어주시고 강사로서의 기회를 준 학원 원장님께 너무나 감사하다.

물론 처음부터 많은 학생들을 가르칠 수 있었던 건 아니었지만 날이 갈수록 나만의 커리큘럼의 틀이 잡혀갔고, 그와 동시에 따르는 학생들도 한, 두 명씩 늘기 시작했다. 처음엔 일대일 수업이었지만 어느 정도 적응을 하고 나서부터는 일대 다수의 수업도 진행하면서 낯가리는 일은 거의 극복되어 갔다.

나는 평소 자기계발에 관심이 많아 좋은 강의가 있으면 들으러 가곤 하는데 한 번은 중국어 교재를 출간하고 싶은 마음에 한 강사님의 책 쓰기 특강에 참여하게 되었다. 여느 날과 다름없이 강의를 들으러 갔었는데 그 특강에서는 좀 낯선 장면이 눈에 띄었다. 특강에 청각 장애가 있으신 청각장애우분들이 몇 분이 강의에 참석하신 것이었다. 속기사분들과 함께 특강에 참여하신 청각장애인분들을 보면서 '정말 훌륭한 열정이다'라는 생각을 하고 있었는데 그 때 내 눈에 그 분들이 서로 수화로 대화를 하시는 모습이 눈에 들어왔다.

나는 순간 수화라는 언어에 묘한 매력을 느꼈다. 청각장애인분들에게는 수화와 글을 손으로 적는 것은 일반인이 새로운 외국어를 배우는 일처럼 다르고 어려운 일이라고 한다. 단어와 단어를 연결 지어 의미를 표현하는 방법으로, 조사와 같이 단어를 서로 연결해 전달하는 것이 아니기 때문에 연결된 자연스러운 문장으로 글을 써서 표현하는 일은 정말 쉬운 일이 아니라고 했다.

그 얘기를 듣게 되자 나에게 중국어에 관심을 가지고 처음 공부를 하는 사람들도 그런 느낌이겠구나 하는 생각이 들었다. 그리고 지금 내가 수화라는 언어에 매력을 느꼈던 것처럼 중국어를 배우기 시작하는 누군가도 이렇게 관심과 흥미를 가지고 배울 수 있는 언어가 되었으면 더할 나위 없이 기쁠 것 같다는 생각이 들었다. 그리고 또 그런 그들에게 가장 쉽고 재밌게 가르쳐주기 위한 방법 또한 구상하게 되기도 했다. 한마디의 중국어도 하지 못하던 학생들이 시간이 지나면서 어느새 중국어로 나에게 어설프게나마 한마디 농담이라도 건넬 때면 그 흐뭇함과 기쁜 마음은 정말 말로 표현할 수 없이 보람차고 행복한 일이다.

누군가에게 무엇을 가르친다는 건 그 일을 통해 나 역시 새로운 것을 깨달아 가는 과정이라 생각한다. 학생이 무언가를 질문할 때면 나는 매번 듣는 같은 문제라 할지라도 설명을 해주면서 새로운 것이 끊임없이 솟아나고 깨달을 때가 많기 때문이다. 현재에 만족하지 않고 끊임없이 발전을 할 수 있는 계기가 되게 채찍질 해주는 것이다.

학생을 가르치는 일은 육아를 하는 것과도 비슷하다. 특히 언어공부를 함에 있어서 실제로 많은 학생들은 제로베이스에서 시작하는 경우가 많다. 어린아이나 어른이나 할 거 없이 모두가 처음 어린 아이가 말을 배우기 시작을 할 때와 같이 웅얼거리며 한 단어씩, 한 문장씩 배워간다. 그렇게 시간이 흐르면서 새로운 언어로 함께 대화를 나눌 수 있게 되었을 때의 그 기쁨과 뿌듯함은 그 어떤 미사어구로도 이해가 안 될 것이다. 마치 어린 아이가 이 세상에 태어나 처음 말을 배우기 시작하면서 엄마, 아빠를 부르기 시작할 때의 그 뿌듯한 감정과 크게 다르지 않다.

요즘은 영어는 물론이고 제3, 제 4 외국어도 구사하는 아이나 어른들이 많이 늘고 있는 추세라 부모님들은 아이가 어릴 때부터 외국어교육에 힘을 쓰고 있는데, 그 가운데서도 특히 중국어에 대한 관심이 뜨겁다. 이제 갓 말을 하기 시작한 3, 4세의 아이들부터 중국어공부를 시키는 부모님들이 계실만큼 그 관심도는 독보적이다. 뿐만 아니라 취직을 목적으로 시작하는 성인들과 굉장히 많다. 어느새 성인들에게 중국어는 필수조건에 가까운 언어가 되어버린 것이다. 중국어를 배우기 위해 고액을 아끼지 않고 투자하시는 분들도 부지부수라고 하니 그 인기는 두 말하면 입이 아플 것이다.

하지만 그 반면, 진심으로 중국어공부를 하고 싶지만, 그런 형편이 되지 않아 제대로 가르침을 받지 못하고 계신 분들도 분명 계실 것이다. 나도 지금까지 살면서 어린 시절 이것만큼은 했더라면 하고 생각하는 일들이 여러 가지가 있다. 예를 들면 피아노공부가 그중 한 개다. 피아노나 기타 악기들을 멋지게 연주하는 사람들을 보면 가끔 나도 악기 한 개쯤 멋지게 다룰 수 있으면 참 좋을 텐데 라는 생각을 할 때가 있다. 그 누군가도 나처럼 중국어공부를 했으면 하고 생각하지만 경제적인 어려움으로 쉽게 시작하지 못하는 사람들 등등 그 어떤 사정이나 어려움으로 인하여 하고 싶은 공부를 포기해야 하는 상황에 처해있는 사람들을 위해 재능기부 형식으로 가르쳐드리고 싶다. 아직은 나도 시작단계이고 경제적인 여유가 많지 않기 때문에 당장은 어렵겠지만 누구라도 도움이 필요한 사람이나 도움이 필요한 곳이 있다면 달려가고 싶다. 하고 싶은 일을 경제적인 어려움으로 포기한다는 건 너무 잔인하고 싫은 일이다. 시작이라도 해볼 기회가 있다면 좋았을 텐데, 라는 아쉬움이 남지 않게 그렇게 살아갈 수 있게 누구에게라도 조그마한 도움이라도 되어드리고 싶다.

이지영
학교상담복지사 겸 색소폰, 퍼커션 연주가
청춘진로 멘토

사회복지와 공연음악을 전공하였다. 현재 학교에서 학생들을 위해 복지
지원과 상담활동을 하고 있고, 주말이면 음악 공연 활동으로 바쁜 생활
을 즐기고 있다.

5곳의 대학에 입학과 자퇴를 반복하며 방황의 시간을 보냈다. 그리고
20대 중반에 극심한 우울증으로 아픔의 시간도 겪었다. 하지만 지금은
그 시간들을 잘 이겨내고, 자신만의 스펙으로 생각하고 진로문제로 힘
들어 하는 이들에게 멘토가 되어주고 있다.

iam270@daum.net

CHAPTER 4

이지영,
그래서 성공이다

복지, 상담, 진로분야 최고의 강연자

　나는 부지런하고 근검절약하시는 부모님 덕분에 어릴 적부터 경제적인 어려움 없이 성장했다. 늘 본인들 입을 것, 먹을 것은 아끼셨지만 자식들의 교육과 관련된 것은 아낌없이 지원해 주셨다. 부모님은 늘 우리 3남매에게 큰 유산은 물려주지 못해도 4년제 졸업장은 꼭 가질 수 있도록 뒷바라지를 하겠다고 말씀하셨다.

　그래서 지금으로부터 약 20년 전, 내가 중학생 때 성적을 올리고 싶어 방학 때 하루 12시간 이상 공부를 시키는 스파르타식 학원에 가겠다고 말씀드렸을 때도 월 120만원의 학원 비를 들여서 기숙사 학원에 보내주셨다. 그곳에서 나는 1개월 만에 1학기 수업내용을 다 학습하였고, 방학이 끝나자 학교로 돌아와서는 학원에서 이미 배운 내용들이라 집중도 하지 않았고, 선생님들을 무시하곤 했었다.

　그래서인지 시험을 치면 지난 방학 때 학원에서 배운 기억으로 시험에 임하는 나와, 최근에 학교 수업에서 배운 내용을 바탕으로 시험을 치는 친구들과의 성적을 비교해보면 나는 늘 중위권이 었다. 부모님이 힘들게 번 돈으로 내가 더 공부를 잘하길 바라시고 지원해 주신 것인데도 나는 선행학습으로 자만심만 키워오고, 성적도 향상되지 않았고, 부모님께 감사하는 마음도 크지 않았다. 사실 내가 왜 공부를 해야 하는지 목적 없이 그저 다들 학교에 다니니까 졸업은 해야 하는 것이라고 당연하게 생각하고 있을 뿐이었다. 그렇게 어중간한 성적으로 인문계 고등학교에 진학하게 되었고, 또 다시 학원과 과외를 전전하며 중간 성적을 유지하고 있었다.

그러다 고3때가 되자 내가 뭘 해야 하는지, 왜 공부를 해야 하는지 뒤늦은 사춘기가 오기 시작했다. 이제 곧 성인이 되니 내가 스스로 먹고 살아야 한다는 막연한 두려움이 엄습해 왔다. 그리고 1999년 그해 IMF위기 사태가 절정에 달했고, 그 영향으로 아버지의 사업도 부도가 나고 말았다. 살고 있던 집을 팔아야 했고, 그 충격으로 어머니도 편찮아지셨다.

5명의 가족이 방 5개인 주택에서 사는 것이 당연한 것이라고만 생각했었는데, 불과 1달 사이에 모든 것은 바뀌어져 있었다. 가세가 기울고 어머님이 편찮으시니 공부에는 더 집중할 수 없었다. 수능을 치르고 대학에 가기보다 집 형편상 지금 당장 돈을 벌어야 한다는 생각이 더 강하게 들었다. 하지만 부모님께서 대학진학을 간절히 원하셔서 일단 대학을 진학해야만 했다.

나는 초등학교, 중학교 시절 모두 육상부에 다녔고, 체력장에서도 항상 특급을 받을 만큼 다른 친구들에 비해 운동능력이 뛰어났다. 그래서 국공립대학 체육관련 학과를 가기로 마음먹었다. 수능 시험을 치르고 실기시험 준비를 하며 달리기와 같은 기초 체력 테스트를 위해 2주간 물과 강냉이만으로 식이조절을 해서 5kg 감량하고 학원에 가지 않고 나 홀로 독하게 실기 시험 준비를 했다. 그리고 그 결과 지금 살고 있는 대구가 아닌 부산에 있는 국립대학 스포츠학과에 장학생으로 입학할 수 있었다. 등록금도 기숙사비도 전액 지원되었다. 하지만 입학 후 아프신 어머니와 여러 가지 집안걱정, 졸업 후 무엇을 해야 할지에 대한 방황과 고민으로 학교생활에 잘 적응하지 못했고 1학기도 마치지 못한 채 자퇴를 하고 다시 집으로 돌아와야 했다.

자퇴 후 집으로 돌아와 치킨 배달, 전단지 돌리기 등의 아르바이트를 하며 얼마 안 되는 돈을 벌어 생활비로 드렸다. 어떤 꿈도, 하고 싶은 것도 없었다. 그냥 많은 돈을 벌고 싶다는 생각뿐이었다. 그런 나를 보며 군인이었던 오빠와 대학생이던 언니는 지금 이런 일을 하는 것은 시간낭비이며 스스로의 성장을 위해 노력할 시기라며 아르바이트를 하지 말라고 강요했다. 그리고 대학을 다니는 친구들도 지금의 소중한 시간을 푼돈만 벌기에는 아깝다고 나를 설득했다. 마침 아르바이트를 6개월 이상하면서 큰 보람도 느끼지 못하고 있었기에 점점 나는 푼돈이 아닌 큰돈을 벌고 싶은 욕심이 생겼다. 하지만 벌 수 있는 능력도, 방법도 몰랐다.

그 당시 국가에서는 경제회생의 한 방법으로 IT 관련 벤처 산업 육성에 많은 지원을 했었다. 신문이나 TV에서 젊은 창업자들이 벤처 사업을 하여 큰돈을 번 성공사례들을 많이 보도했다. 그것을 보고 돈을 많이 벌수 있겠다는 막연한 기대감에 벤처 관련 학과입학을 위해 재수를 시작했다. 오전에 전단지 배포 아르바이트를 하며 돈을 벌어서 책값을 벌고, 점심, 저녁 도시락을 싸서 도서관에 가서 공부를 했다. 돈이 없어 학원 강의는 들을 수 없었고 EBS 무료 강의를 들으며 열심히 공부했다.

그렇게 100일간의 공부기간을 마치고, 수능을 치렀다. 공부 시간은 고3때 보다 짧았지만 절실한 마음으로 공부를 했더니 수능성적은 더욱 향상되었다. 그리고 결국 원하던 컴퓨터 공학과에 진학할 수 있게 되었다.

1학년은 전공과목이 아닌 교양수업이라 수업에 어려움이 없었다. 그런데 2학년이 되니 전공과목 수업이 시작되었고 많은 어려움을 겪게 되었다. 나는 문과학생으로 공대를 교차지원해서 입학한 경우라 컴퓨터 프로그래밍을 만드는데 중요한 수학적 부분이 거의 이해가 되지 않았던 것이다. 그리고 하루 6시간 이상을 컴퓨터에 앉아 프로그래밍 언어와 씨름을 해야 하는데 감정적이고, 활동적인 나는 컴퓨터 앞에서 호흡곤란 현상을 경험했다. 도저히 견딜 수가 없었다. 당연히 중간, 기말고사 시험에서도 흰 것은 종이고 검은 것은 글자라는 말 밖에는 아무것도 생각이 나질 않았다. 수업시간 교수님은 외계어를 하시는 것 같았고, 내 머릿속은 이미 다른 행성을 헤매고 있었다. 더 이상 학교에 다니는 것은 시간낭비라는 생각에 또 자퇴를 했다. 그리고 다시 내가 잘 할 수 있는 체육을 해야겠다는 생각이 들었다.

내 나이 22살, 부모님께 3수로 돈을 지원받기 죄송해 밤에는 대리운전을 하고, 낮에는 공부와 운동을 병행하며 다시 수능공부를 시작했다. 이미 다른 친구들에 비해서 3년이 늦었다는 강박관념에 나를 더 거세게 채찍질하고 열심히 공부했다. 덕분에 수능과 실기 시험에서 내가 원하던 결과를 이루어낼 수 있었고, 희망하던 체육학과에 수석으로 입학하게 되었다.

기세등등하게 입학한 대학교. 하지만 나는 체육학과의 특성상 선배들에게 불편한 나이 많은 후배로 낙인 찍혀 있었다. 과의 기강을 위해 단체기합도 주었지만, 나는 이미 나이 어린 선배들의 말을 고분고분 듣기에는 수석이라는 자만과 나이 어린 선배를 무시하는 마음도 있어 '왜 이런 짓을 해야 하냐!'며 선배에게 대들었고, 그들과 마찰이 생겨 왕따가 되버렸다. 단체 기합에 참여하지 않으니 나로 인해 동기들은 동기로서 자격이 없다며 더 힘든 기합을 받았고, 나는 계속 선배들과의 감정 다툼 그리고 동기들에게 미안한 마음을 겪으며 또 버티지 못하고 자퇴를 하고 말았다.

또 다시 나는 또 백수가 되었고 수능을 4번, 5번 치며 마치 수능중독증에 설려 있는 듯한 바보 같은 내 자신이 너무 못나고 미웠다. 그렇게 자학을 하며 방황에 방황을 거듭하다 급기야 우울증에 걸려 5일간 식음을 전폐하기도 했다. '죽어버릴까' 하는 생각이 나를 짓누르기도 했다. 그리고 결국 우울증으로 정신과 치료를 받아야 하는 지경에 이르렀다. 처방받은 신경안정제와 수면제를 먹고 꾸준히 치료와 상담을 받아야 했고, 식구들은 나를 위해 밤낮으로 기도를 해주었다. 그리고 가족들의 기도와 사랑 덕분에 나는 다시 살아갈 힘이 되찾게 되었다.

나는 상담과 약 복용을 종료해도 좋다는 주치의의 말을 듣고, 다시 태어난 듯한 느낌을 받았다. 그리고 내가 가진 건강한 몸으로 다른 사람들에게 도움을 주며 살아가고 싶었다. 그래서 장애인 복지시설에 입사하여 하루 9시간 이상 근무하며 월70여만 원의 돈을 받고 일을 시작했다. 비록 보수는 많지 않았지만 매일 나는 사람들에게 고맙다, 감사하다는 말을 들으며 자존감도 높아졌고, 행복감을 느꼈다. 그래서 내가 진짜 잘 할 수 있는 일, 내가 좋아하는 일을 찾게 되었다. 그리고 나는 이 분야의 공부를 정말 하고 싶어졌다. 그래서 낮에는 일을 하고 야간에는 복지 공부를 하여 사회복지 학사를 마칠 수 있었다. 지금 나는 장애인 복지시설을 거쳐, 학생들의 고민을 들어주고, 가난한 집안의 아이들을 도와주는 학교 상담복지사가 되었다.

나의 20대는 막연한 성공을 꿈꾸고, '내가 언제 어디서 무엇을 어떻게 왜 해야 하는지'에 대한 구체적인 꿈의 계획도 없이, 그저 돈과 명예에 대한 욕심들로만 가득했다. 그래서 작은 걸림돌 (선배문제, 어려운 공부 등) 이 생기면 잘 이겨내지 못하고 쉽게 포기하고 도망가 버렸다.

이제는 10여년의 내 방황을 후회가 아닌 삶의 소중한 커리어로 여기고 살아가고 있다. 그래서 현재는 지인들의 요청으로 복지 관련 후배님들을 만나 자신의 진로와 관련된 어려움을 들어주고, 내 경험을 얘기하며 잘 해낼 것이라 파이팅 외쳐주는 멘토의 역할도 하고 있다.

나는 그들이 나로 인해 힘을 얻어 더 밝은 미래를 꿈꾸는 모습을 보며 희열을 느낀다. 그래서 앞으로 나는 진로문제로 어려움을 겪는 많은 사람들을 만날 수 있는 강연자가 되고 싶다. 나처럼 방황하고 있는 사람들의 마음을 진심으로 토닥이고, 도움의 말을 나눠줄 수 있는 좋은 진로 강연자가 되어 고등학교, 대학교 강단에도 설 것이다.

나의 강연 롤 모델은 법륜스님, 김제동, 김미경 이다. 그분들의 강연을 온라인을 통해 자주 듣고 노트에 기록하며 공부를 하고 있다. 훗날 그분들을 직접 만나 선생님의 강연 잘 보고 들으며 나의 꿈을 키웠다고 감사하다는 말을 전할 것이다.

이 글을 읽는 당신이 현실에 아픔을 겪고 있다면, 훗날 지금의 어려움을 이겨낸 나 자신을 대견스러워 할 수 있도록 열심히 이겨내 보자. 아픔을 겪어보지 않은 사람은 타인의 아픔을 공감하기 어렵다. 아픈 건 아픈 것이다. 아픈 건 어쩔 수 없다. 하지만 지금의 아픔은 훗날 나를 타인의 아픔을 이해하고 포용할 수 있는 더 큰 사람으로 만들어 주는 것을 잊지 말자. 이 시간이 나를 그렇게 만들어주고 있음은 결코 잊지 말도록 하자. 그렇게 생각하고 믿으며 그 무엇에도 아무것도 포기하지 말고 이겨내기를 바란다.

선행을 실천하는
세계적인 프로 색소포니스트

　중학교시절 어느 날, 아버지의 차를 타고 사촌 집에 가고 있었
다. 그리고 아무 생각 없이 오디오를 켰다. 그런데 갑자기 강렬하
면서도 부드러운 악기소리가 들렸다. 갑자기 무엇에 홀린 듯 멍
하니 입을 벌리고 악기 소리에만 집중했다. 그때 카 오디오는 지
금의 MP3나 CD가 아닌 손바닥 크기의 직사각형 테이프를 넣어
서 들었다. 앞면의 테이프가 다 재생되면 자동으로 뒷면으로 넘어
가기 위해 잠시 소리가 멈추는데 그때서야 정신이 들어 아버지께
이게 무슨 소리냐고 여쭤봤다. 당시 대학생이던 사촌언니가 케니
지의 색소폰 소리를 좋아해서 아버지께 선물해주었다고 하셨다.
이 매력적인 악기에 대해 그리고 케니지라는 연주가에 대해 더 알
고 싶었지만 색소폰에 대해 아는 사람이 주위에 전혀 없었다. 요
즘은 초고속 인터넷을 이용해 검색민으로 쉽게 색소폰에 대한 정
보를 많이 알 수 있지만, 당시는 모뎀과 전화선을 기반으로 한
'천리안' 등의 PC통신으로 다운 속도도 느렸고, 색소폰에 대한

정보도 많지 않았다. 그래서 내가 할 수 있는 것은 그저 아버지의 테이프를 듣고 또 듣는 것뿐이었다. 테이프를 너무 어 어느 날은 테이프가 늘어나 2배 느린 속도로 재생이 되기도 했다. 그렇게 되면 20일간 용돈을 모아 동네 레코드가게에 가서 똑같은 테이프를 사서 워크맨이라는 미니카세트 플레이어를 이용해 등 학교길, 쉬는 시간, 잠들기 전에 매일 듣곤 했다.

그러다 20대 성인이 되어 공원 산책을 하던 중 멀리서 색소폰 소리를 듣게 되었다. 누군가가 케니지의 'going home'을 연주하고 있었다. 가슴이 쿵쾅거렸고 그 소리를 따라 무작정 뛰어갔다. 소리를 따라 가보자 30대로 보이는 한 남자분이 연주를 하고 있었다. 그분의 연주가 끝나고 무대 뒤로 찾아가 인사를 드리고 이 악기는 남자만 할 수 있는 것인지, 가격은 얼마인지, 'going home'을 불려면 얼마나 연습을 해야 하는지, 어디서 배울 수 있는지 등을 처음 보는 분에게 실례를 무릅쓰고 질문을 해댔다. 감사하게도 그분은 친절하게 내 질문에 다 답변해 주셨다.

소프라노 색소폰은 직관이라 곡관에 비해 팔에 힘이 드는 것이 사실이지만 여자도 얼마든지 할 수 있고 악기는 저렴한 것은 50만원이면 살 수 있으며, 문화센터에서 배울 수 있다고 얘기해 주셨다. 매일 듣기만 했던 악기 소리를 내가 직접 연주하고 소리를 낼 수 있다는 생각을 하니 아직 악기를 가지지도 않았지만, 가슴이 벅차고 설렜다. 벌써부터 무대에서 색소폰 연주를 하고 있을 나를 상상하니 절로 미소가 지어지고 행복했다.

그 날부터 나는 6개월 동안 월급에서 10만원씩 따로 모아 중국제 저렴한 악기를 샀다. 그리고 문화센터에 등록했다. 20명의 등록자가 있었는데, 40대~60대의 남성분들이 17분, 50대 여성분 2분이 계셨다. 20대 여자는 나뿐이었다. '이 좋은 악기를 왜 젊은 여성분들은 좋아하지 않을까?' 하고 생각했다. 친구들에게 물어보니 "그 악기는 소리는 좋은데 왠지 불기 힘이 들고, 악기도 무겁고, 그리고 금색이라 고가 일 것이라는 생각이 든다."고 대답했다. '사실 직접 악기를 목에 걸어보면 그리 무거운 악기가 아닌데, 그리고 다른 악기에 비해 비싸지도 않은데...'라고 속으로 생각하면서 사람들의 선입견을 내가 연주하며 없애보고 싶었다.

수업 첫 날은 삑사리의 연속이었다. 그리고 입술, 허리, 목, 어깨, 허리 등 여러 곳이 아파 왔다. 그래도 난 '색소폰에 대한 선입견을 깨기 위해서라도 열심히 할 테야'라고 생각하고 열심히 연습을 했다. 그런데 어느 날 환풍기 시설이 없는 작은 독방에서 3시간 동안 연습을 하다가 갑자기 현기증을 느끼고 그 자리에서 그만 기절 해버렸다. 옆방에서 연습하시던 분이 잠시 내게 악기를 닦기 위해 수건을 빌리러 오셨다가 문을 열고 깨워주셨다. 관악기를 연습 할 때는 자주 환기를 하고, 쉬면서 연습을 했어야 했는데 욕심이 과해 호흡 조절을 잘하지 못한 것이 문제였다. 방안에 방음 스펀지가 있어 다행히 머리를 강하게 부딪치지 않아 큰 부상은 면했지만 머리에 혹이 나고 엉덩이에 멍이 들었다.

그 일이 있은 후 갑자기 악기 연주가 두려워졌다. 그 후로 악기를 창고에 넣어 두고 3년 동안 꺼내보지도 않았다. TV나 길거리 공연에서 색소폰 소리가 들리면 다시 연주하고 싶다는 생각도 잠시 들었지만, 아직도 그 때 기절한 공포심이 더 컸기에 다시 연주를 시작 할 수는 없었다. 하지만 시간이 흘러 긍정적으로 그 때의 일을 해석하려고 노력했다. 내가 만약 그때 기절을 하지 않았더라면 나는 계속 휴식 시간도, 체계도 없이 계속 연습을 했을 것이고, 그럼 잠시의 기절이 아니라 무서운 병인 폐질환에 걸렸을지도 모른다고 생각하면서 이제 다시 악기를 시작한다면 꼭 환기를 시키고 휴식시간을 가져야겠다고 생각했다. 이렇게 반복적으로 긍정의 생각을 하게 되니 악기 연주를 다시 시작할 용기가 생기기 시작했다. 점차 용기가 생기기 시작하자 다시 연습실로 가 3개월 간 1시간 이내의 연습시간을 가지고, 나 자신을 칭찬해가며 차차 연습시간을 늘려갔다. 그리고 새롭게 연습을 시작하면서는 반드시 1시간 연습 후에는 5분간 휴식시간을 가졌다.

조금씩 다시 악기 부는 것이 편안해지고 즐거워져 갔다. 그렇게 2년의 시간을 작은 방에서 홀로 연습했다. 그러자 조금씩 악기 소리에 대한 자신감이 붙기 시작했고, 내 악기소리를 사람들에게 들려주고 싶은 욕구도 생겨났다. 그래서 실전 경험을 쌓기 위해 악기봉사 단체에 가입하여 지하철 역사나 공원, 그리고 요양원에 가서 연주 봉사를 하기 시작했다.

그렇게 악기 연주 봉사를 3년 동안 했다. 시간이 흐를수록 나는 악기의 매력에 더 빠졌고, 악기를 더욱 전문적으로 배우기 위해 34살이라는 조금은 늦은 나이에 음악대학에 편입도 해 36살에 무사히 졸업도 마쳤다.

졸업 후에도 정체감을 잃지 않기 위해 좋은 레슨 선생님을 만나려고 노력했다. 그래서 프로연주자이시지만 겸손하신 백 선생님과 이 선생님을 알게 되었다. 그 분들은 "음악이라는 도구로 세상을 더 행복하게 만들면 좋겠다."고 하시며 강의비도 받지 않고 나에게 주 1회, 2시간씩 지도를 해주셨다.

세상에 공짜는 없다. 하지만 노력하는 사람에게는 자신이 한 노력보다 더 큰 보너스를 주기도 한다. 그리고 그렇게 받은 보너스를 나는 누군가에게 이자를 붙여 전해주어야 한다고 생각한다. 그래서 나는 선생님들에게 받은 감사의 마음을 다른 누군가에게 전하려고 한다. 바로 우리 학생들이다.

지금 나의 직장인 학교 상담실에서 여러 가지 이유로 학교생활이 힘든 학생들에게 악기 소리를 들려주고 있다. 그리고 들려주는 것에 끝내지 않고, 악기를 배우고자 하는 친구들에게는 무료로 악기를 가르쳐 주고 있다. 음악으로 마음을 열고 세상과 소통할 수 있도록 도와주고 있는 것이다. 상담 초기에는 마음의 문을 닫고, 상담도 거부하던 학생들이 어느덧 음악을 통해 자연스럽게 말문을 열고 자신의 아픔도 드러내며 치유 받고 있다.

또, 음악을 하면서 나는 일상의 지루함을 탈피하고 삶의 이벤트를 만들이 가고 있다. 학교 교직원들과 밴드를 결성하여 '나는 교사다'라는 대회에서 교육감상을 받기도 했다. 한 번은 대전 어울림 춤 축제에 초청되어 연주하기도 했다. 요즘은 락밴드에 가입해 드럼, 기타, 신디사이저와 함께 합주도 하고 있다. 밴드에서는 색소폰이 외국악기이지만, 우리 전통의 음악과도 잘 어울릴 수 있도록 '아리랑'을 편곡하여 여러 지역 축제에서 공연을 하기도 한다. 길거리 공연이나 병원에서 연세 많은 관객 분들이 계시면 비틀즈, 엘비스 프레슬리가 부른 올드 팝송과 트로트를 연주해드리며 박수치며 행복해하시는 어르신들의 모습을 보며 행복에너지를 충전 받아 일상을 더욱 즐겁게 살아가고 있다.

나는 색소폰을 통해 많은 사람을 만났고 기쁨을 얻었다. 그리고 지금은 더 큰 꿈을 가지게 되었다. 내 방 벽면에는 '최고의 색소포니스트'라는 제목의 종이가 붙여져 있다. 그 종이에는 녹색창에 검색어 '색소포니스트'가 입력되어 있고, 인기도순에 따라 10명의 색소포니스트들의 사진이 캡처되어 있다. 그 중에 한 명이 바로 나 '이지영', 이름과 증명사진을 포토샵 작업으로 합성해 출력해두었다. 3년 내에 녹색창 검색어에 최고의 색소포니스트라고 입력하면 내 사진과 이름이 나올 것이라고 나는 확신한다.

그리고 내가 그토록 원하던 케니지와 협연도 하며, 색소폰을 통해 '아리랑'을 전 세계에 알릴 계획이다. 그리고 프로 연주자가 되어 공연 수익금의 일부를 복지관 아동 음악 지원 사업, 위안부 피해 할머님, 그리고 유기견 보호 단체에 기부할 것이다.

우연히 듣게 된 악기소리에 매료되어 나는 지금 이런 멋진 꿈을 꾸게 되었다. 악기를 시작하고 3년간 악기연주에 대한 트라우

마가 생겨 어려움을 겪었지만, 급하지 않게 나를 다독이고 '할 수 있다는 긍정의 생각'으로 부정적인 경험을 잘 치유할 수 있었다. 그리고 나에겐 꿈이 생겼고, 나의 꿈이 현실이 되었을 때 나 혼자만의 쾌락이 아닌 많은 사람들에게 도움을 줄 수 있는 긍정의 삶을 추구한다. 그래서 나는 오늘도 가슴 벅찬 꿈을 꾸며, 그 꿈을 현실로 만들어가는 과정을 즐기기 위해 퇴근을 하고 룰루랄라 신나게 연습실로 향한다.

죽기 전에 꼭 가봐야 할
Heart House 건립

2010년 한국에서 자살한 사람의 수는 1만 4천 779명. 하루 평균 42.6명이 스스로 목숨을 끊고 있다. 그리고 청소년 사망의 원인 1위가 어떤 질병이 아닌 자살이다.

세계보건기구(WHO) 조사에 의하면 인구 10만 명당 자살자 수를 통계 낸 결과, 한국은 세계 2위의 자살국가라는 불명예를 안았다. '우리나라는 왜 이렇게 많은 사람들이 자살할까?' 하는 의문이 들었다. 아마도 나는 그 답이 경제적인 이유에 있지 않을까 하고 생각했다. 그래서 경제적인 이유에 포커스를 맞춰 더 조사해보았다. 하지만 2006년 행복도 조사를 살펴보면 부탄은 1200달러로 우리나라 국민총생산2만 달러에 비하면 약 6%밖에 안 되는 나라임에도 178개국의 행복도 조사결과 한국은 103위, 부탄은 8위를 기록하고 있었다. 이 결과는 단지 경제적인 이유만으로 자살률이 높다는 것은 아니라는 걸 증명하고 있는 것이었다. 그렇다면 아마도 이런 원인은 절대적인 빈곤이 아닌 상대적인 빈곤, 남과 비교하면서 나의 삶을 평가하는 사회적인 풍토가 만연해져 있기 때문은 아닐까?

매일 TV에서는 상위 1%의 호화로운 연예인의 집과, 상위 1%의 몸짱들, 성형과 미용으로 상위 1%의 예쁘고 잘생긴 얼굴을 보여준다. 나는 당장 먹을 밥이 없는 것도 아니요, 고도 비만도 아니요, 밥 먹다 토할 정도의 얼굴이 아닌데도 TV에 나오는 이들과 비교하며 상대적 박탈감과 우울함을 겪을 수 있다. 그리고 스스로를 소위 말하는 '루저'로 인식한다. 사실 TV에 보여 지는 연예인들도 대중이라는 거대한 타인들을 향한 이미지관리라는 미명 하에 말 못할 고민들로 힘들어하다 자살하기도 한다.

내가 이렇게 자살에 대해 깊이 생각해보고 조사해 본 이유는 나 또한 나 자신을 타인들의 삶과 비교해가며 사회진출 속도가 늦다는 이유로 스트레스와 열등감을 가지고 내 자신에게 등급을 매겨버리고, 내 삶이 이미 다 결정된 것 마냥 생각했었다. 그리고 그런 부정적인 생각은 20대에 극심한 우울증을 겪게 만들었으며 자살에 대해서도 많은 고민을 하게 만들었다. 그 당시 내 나이 25살, 다른 친구들은 졸업하고 막 취업을 하기 시작할 나이였지만 나는 대학을 3곳이나 다녔지만 제대로 적응하지 못하고 모두 자퇴를 했다. '또 다시 수능을 쳐야하나? 아니면 일을 해야 하나?', '나는 낙오자인가?' 하는 수많은 질문들을 스스로에게 퍼붓다가 시커멓고 암울한 생각들로 가득 차게 된 것이었다. 며칠간 식음을 전폐하기도 했고, 사람들과 대화도 거부했고, 나 같은 인간은 살아서 밥만 축내고 똥을 눠 깨끗한 물만 오염시키는 쓸 데없는 생명체라고 생각했다.

그 때 집 아파트 7층에서 내려다보던 세상은 나를 죽음과 삶의 갈림길로 보였다. '여기서 뛰어내리면 어떻게 될까?' 그런 부정적인 생각들을 반복하던 어느 날 자정에는 몸에 경련이 일어나 경련으로 팔 다리에 멍이 들었다. 그날 밤 내 신음소리에 잠이 깬 식구들이 내 모습에 너무 놀라하며 가슴 아파 했다. 그리고 식구들의 설득으로 다음날 정신과 병원을 찾았다. 의사는 나를 혼자 두면 언제 죽을지 모르니 당장 입원 시켜서라도 집중치료가 필요하다고 말했다. 나는 입소할 병실을 둘러보았다. 탁구대와 침대 그리고 철창이 있었다. 왠지 그 철창이 나를 감옥에 가두는 듯한 공포감이 들어 입원을 거부하고 외래진료를 받기로 했다. 10개월 간 잠시 내 25년간의 삶을 되돌아보며 앞으로 살아갈 내 삶에 대해 생각해 보았다.

지금 생각해보면 그 때 그 시간이 내겐 인생의 좋은 터닝 포인트였다. '무엇을 위해 대학을 다녔고, 학교를 여러 번 옮기면서까지 내가 진실로 원하고 추구한 것은 무엇이었는지'에 대해 생각해보았다. 고심 끝에 내린 결론은 나는 그저 졸업 후 남들이 좋다는 곳, 남들이 돈을 많이 번다는 곳, 남들이 취업 잘 된다고 하는 곳으로 이리저리 대학을 옮겨 다녔고, 타인들의 말과 세상의 흐름에 따라 이리 저리 휘둘리고 또 휘둘리며 살아왔다는 것이었다. 나라는 사람은 뭘 잘 할 수 있는지, 무엇을 좋아하는지,

정작 내 자신과는 전혀 대화하지 않았고 외면했었다. 그리고 그런 흔들림에 어지러움을 느끼고 쓰러져버린 시간이었던 것이다.

그 아픔의 시기를 잘 이겨낼 수 있었던 것은 내가 다른 어떤 누구보다 잘 나서도 못나서도 아닌 그저 인간 '이지영'이라는 나 자체를 사랑해준 식구들과 수녀님의 기도와 사랑이 가장 컸다. 또한 호르몬의 이상으로 인해 주치의 상담과 약의 도움도 받았다. 나는 이제 자살이라는 극단적인 생각을 버리고 훨씬 더 강한 내적 근육을 가졌고, 우울증으로 아픔을 겪는 이들의 마음을 공감할 수 있는 능력도 가지게 되었다.

나는 참 운이 좋은 사람이다. 내가 아플 때 이런 좋은 사람들의 영향으로 다시 살 힘을 얻었으니 말이다. 하지만 자살을 생각하는 이들 중 나처럼 좋은 조건에서 살아가는 이는 그리 많지 않을 것이라 생각된다. 그래서 내가 겪은 아픔을 통해 자살의 충동을 느끼는 사람들을 위해 작은 도움을 주고 싶다. 당신은 어느 누구와 비교해서도 비교 돼서도 안 되는 유일무이한 특별한 존재이기에, 사랑받고 살아갈 가치가 있다는 것을 알려주고 싶다.

어느 화창한 봄날, 바로 내 눈앞에서 지하철에 뛰어드는 젊은 청년을 보았다. 길고 무거운 지하철은 정거장에 들어오면서 유유히 그 청년을 덮쳐버렸고, 일순간 지하철 문이 열리지 않은 채 안에 있던 승객들은 무슨 일이 일어났는지 왜 문이 열리지 않는 것인지 의아해하며, 다리에 힘이 풀려 주저앉아 울고 있는 나를 마치 동물원 사파리 구경하듯 바라보고 있었다. 5분도 채 지나지 않아 사망자의 가장 가까운 곳에 서 있었다는 이유로 지하철직원이 자신의 점퍼로 내 얼굴을 가린 채 역사 숙직실로 데려갔다. 그리고는 눈물이 뒤범벅이 된 내게 냉수 한잔을 건네며 정신을 차리라는 말과 함께 종이 한 장을 내밀었다. 그래서 나는 손을 벌벌 떨며, 목격자 진술서를 쓰는 것 외에는 할 수 있는 것이 아무것도 없었다. 그 뒤로도 지하철을 향해 걸어가던 그 청년을 막으려고 등 뒤에서 껴안고 넘어지는 꿈도 여러 번 꾸게 되었다. 아직도 생생한 기억들을 떠올리며, 내가 그분을 살릴 수는 없었을까 하는 생각으로 자책하며 오랜 시간을 보냈다.

그 일이 있은 후 8년이나 지난 지금도 내가 가진 것이 많지는 않지만 그도 나처럼 많이 아팠을 것이고 그와 같이 아픔을 겪고 있는 이들에게 도움을 주고 싶다는 소망이 있다. 그래서 자살을 결심한 이들에게 죽기 전에 한 번 더 살아갈 용기를 얻고, 생각을 변화시킬 수 있는 공간을 만들고 싶다. 그곳의 이름은 바로 'Heart House'.

하트는 사랑이라는 의미로 쓰이기도 하고, 심장이라는 영어 단어이기도하다. 'heart house'의 의미는 심장이 살아있는 한 당신이 누구든 어떤 사람이든 사랑받아야 한다는 의미에서 'heart'의 이중적 의미를 살렸다. 'heart house'에 입소비용은 스스로 내고 싶은 만큼 내며 된다. 경제적인 어려움으로 생을 마감하려는 사람이 이곳에서마저 돈이 없어 올 수 없다면 그것은 'heart house'의 설립 목적에 어긋나는 일이라고 생각한다. 이

곳은 철저히 입소자의 신분비밀보장이 되고 예약제로 운영되며, 2 박 3일간 머물 수 있도록 하고 싶다. 그리고 1일은 삶을 살아야 하는 이유에 대한 프로그램과 상담을 통해 도움을 주고, 나머지 시간은 혼자 산책하거나 생각할 수 있는 시간과 공간을 마련해 주고 싶다. 좀 더 길게 머물 수 있으면 좋겠지만 입소를 원하는 이들이 많을 것이라는 생각에 2박 3일 이라는 짧은 시간을 정하 였다. 자살하는 이들의 절반이 우울증치료를 받거나 필요한 사 람이었다고 하니 의사와 심리치료사가 함께 상주하여 그들에게 도움을 주면 좋겠다.

1명의 자살로 인해 심리적 불안과 상처를 받는 사람은 평균 6 명, 그리고 그 6명은 지인의 자살을 겪지 않은 사람에 비해 자살 률이 4배는 더 높다고 한다. 스스로 선택한 죽음이 혼자만 죽는 일이라고 생각하지만 절대로 그렇지 않다. 자살의 폭탄은 주위의 많은 사람들에게 평생 아프고 뜨거운 파편을 마음속 깊이 남기 고 가는 것이다. 그렇기에 1명의 자살자를 방지하는 것은 결국 6 명 이상의 사람을 제대로 살아갈 수 있도록 하는 일인 것이다.

언젠가 'heart house'가 생겨나 자살방지에 도움을 주고, 많 은 이들이 삶을 좀 더 끈질기고 행복하게 살아가길 꿈꾸어 본다. 하루 평균 자살자 수가 점점 줄어져 우리나라 행복지수가 더 올 라갈 수 있도록. 그렇게 한 사람이라도 더 행복한 웃음을 지을 수 있도록 하는 것이 'heart house'의 사명인 것이다.

행복 놀이터 '네버랜드' 건립

약 25년 전, 내가 초등학생 시절에는 지금과 같은 방과 후 수업이라는 개념이 없었다. 물론 학원은 다녔지만 학교 수업이 끝나면 하루 3시간은 동네 친구들과 놀이터에서 도둑잡기, 숨바꼭질 등의 놀이를 하며 뛰어 놀았다.

어느 날은 마구 뛰어놀다 갑자기 무릎과 발목이 아픈 날도 있었는데 지금 생각해보니 성장통을 겪었던 것 같다. 그래도 친구들과의 놀이가 너무 즐거워서 꾹 참고, 어머니께서 집에 들어오라고 호통을 치시기 전까지 친구들과 어울려 뛰어 놀았다. 초등학교 시절 썼던 내 일기장을 보고, 또 내 기억을 더듬어 보아도 당시 나는 하루 종일 친구들과 밥 먹는 것도 잊은 채 신나게 놀만큼 하루하루가 참 행복했다.

하지만 요즘에는 놀이터에서 아이들을 쉽게 볼 수 없다. 특히 초등학생들은 어쩌다 주말에 한두 명 볼 수 있을 정도이고, 평일에는 거의 만날 수가 없다. 내가 근무하고 있는 초등학교 학생들도 일주일의 스케줄이 꽉 차 있다. 심지어 저녁 먹을 시간도 없어 이동하는 차안에서 김밥이나 빵으로 끼니를 때우기도 한다. 학교 수업을 마친 후에는 교내외 방과 후 수업으로 시간표가 짜여 있고, 집에 도착해서는 학교와 학원의 숙제를 마치고 씻고 잠을 자는 것이 보통의 아이들의 모습이다. 나는 어릴 적 동네친구들과 재미있게 놀았던 추억이 이따금 떠올라 빙긋이 웃음 짓게 되는데 지금 아이들은 그런 추억하나 없이 늘 학원과 학교를 바쁘게 오가며 살아가는 모습이 참 안타까워 보일 때가 많다.

이렇게 무언가에 쫓기듯 열심히 살아가는 아이들은 스스로를 행복하다고 생각할까? 한국보건 사회연구원의 한 연구위원이 한국아동종합실태조사와 유니세프 자료를 비교분석해본 결과 우리나라 아동의 두 명중 한 명(50.5%)이 "학업으로 스트레스를 받는다."고 답했다. 30개국 중 가장 높은 수치를 보였다. 그러니 아이들의 삶의 만족도 또한 세계 최하위를 차지했다.

아이들이 이렇게 바쁘게 살아가는 이유는 아이들의 행복을 위함이 아니라 어쩌면 어른들의 욕심으로 인한 것은 아닐까 생각한다. 실제 학부모를 상대로 실시한 조사에서 부모가 자녀에게 바라는 것 중 1위가 자녀의 직업선택에 있어 가장 중요한 것은 보수와 사회적 인지도를 고려한다는 비중이 72.7%였다. 아이의 즐거움과 적성을 중요하다고 생각하는 부모님은 20.3%에 불과했다. 어린이는 아직 어리고 경험도 적지만, 또한 아직 부모님의 책임과 보호아래에서 자라고는 있지만 자신의 느낌과 생각은 충분히 얘기할 수 있다. 그러므로 부모님과 아이가 대화를 통해 아이들의 의견을 반영해서 아이들이 원하는 삶을 살 수 있도록 잘 지원해주면 좋겠다.

나는 학교생활의 어려움을 겪고 있는 아이의 학부모님과 상담을 할 때가 많다. 그리고 그분들을 만나면 인사 후에 "부모님 요즘 생활이 행복하세요?"라는 질문을 한다. 10명 중 9명의 부모님은 내 질문에 머뭇거리다가 눈물을 흘리시기도 하고, "아닌 것 같네요."라고 대답하기도 하신다. 나의 직업을 통해 경험한 것은 부모님이 행복감을 느끼고 사는 아이는 아이 자신도 삶의 만족도가 높게 나왔고, 자연스럽게 학교생활에서도 잘 지냈다. 반대로 자신의 삶을 행복하지 않다고 여기시는 부모님은 자신의 부정적인 감정이 아이에게 고스란히 전달되고 있었다.

하지만 아이는 좋지 못한 감정을 풀어내는 직접적인 원인인 부모님들에게 아무런 대항도 하지 못한다. 아이는 그 감정을 고스란히 받게 되어 본인보다 약한 친구들에게 풀게 되는 경우가 많다. 본인이 힘이 약할 경우 아이가 분노가 일어나는 횟수가 빈번하고 땅 바닥에 머리를 박거나 자기 뺨을 때리는 등의 자학 행위로 감정을 표출하기도 한다. 이뿐만 아니라 내가 상담한 저학년 한 남자아이는 부모님의 잦은 다툼으로 탈모가 일어나기도 하고 , 자신의 생각과 느낌을 알려달라고 말하니 나와 눈도 마주치시 못한 채 좋은 것도 싫은 것도 없다며 학교생활에 무기력함을 보였다. 아이들을 학원이나 방과 후 수업으로 바쁘게 지내게 하는 것보다 부모님과 아이가 서로 대화하고, 아이들과의 놀이를 통해 부모님도 행복감을 느끼고 아이도 긍정의 영향으로 같이 행복해지길 바란다.

그래서 나는 이런 아이들과 부모님이 함께 놀고 웃을 수 있는 공간을 만들고 싶다. 그 곳의 이름은 동화책 '피터팬'에 나오는 꿈의 나라! 어른이 되지 않는 세상 '네버랜드'를 만들고 싶다. 이 곳에서만이라도 부모님도 동심으로 돌아가 내 자녀와 어린아이처럼 마음껏 놀 수 있었으면 한다.

하지만 나 혼자만의 경제력이나 아이디어로는 부족함이 있을 테니 아동복지 전문가, 심리치료사, 놀이치료사, 정신과 의사 분들의 도움을 받아 부모님과 아이들이 좀 더 행복하게 살아가는데 도움을 줄 수 있는 곳을 만들고 싶다. 아토피치료에 도움을 주고, 맑은 공기를 마실 수 있는 울창한 숲 속에 지어질 '네버랜드'는 통나무로 지어진 테마별 오두막집에서 아이들의 상담과 심리치료, 그리고 올바른 자녀양육법에 관한 교육을 진행한다. 테마별 오두막집의 하나인 '스트레스 해소방 1'에는 아이들과 부모님 분노와 스트레스를 해소하기 위해 '스트레스 파괴방'을 지어 토마토와 물감이 든 고무풍선을 마음껏 집어던지고, 토마토와 물감이 터지는 것을 보며 답답한 마음의 응어리들도 같이 해소될 수 있도록 한다. '스트레스 탈출방2'에는 드럼과 북, 꽹과리와 같이 소리가 큰 타악기들을 구비해두어 마음껏 두드리며 소리 지를 수 있도록 하는 공간을 마련할 것이다. 그리고 게임

중독에 빠진 아이들에게 몸을 움직이며 놀 수 있도록 대형 트램펄린을 설치해 마음껏 점프하고 구르고 넘어지며 즐겁게 놀 수 있는 공간을 마련할 것이다. 그리고 여름이면 냇가에 가서 아이들과 부모님이 물놀이를 즐기도록 할 것이다.

지금 한국에는 아이들을 위해 많은 심리치료가 지원 되고 있다. 하지만 심리치료가 필요한 모든 학생들을 다 수용하진 못하고 있는 실정이다. 그리고 점차 아이들의 문제는 그 아이 혼자만의 문제가 아닌 가족과 함께 해결해야할 복합적인 문제로 대두되고 있다. 현재 많은 부모님들은 아이에게 심리적인 문제가 드러나면 여기 저기 여러 곳의 단편적인 기관에 의뢰하고 숨 가쁘게 상담과 치료를 받고 있지만, 통합적인 아이의 문제를 제대로 해결하지 못하고 있다. 그래서 '네버랜드'를 통해 놀이치료, 음악치료, 상담치료, 정신과 치료 등을 유기적이고 통합적인 지원을 통해 아이에게 효과적인 심리치료가 이루어지길 바란다.

부모들은 대한민국의 현재이고, 아이들은 대한민국의 미래이다. 한국을 이끌어가는 부모님도, 미래의 새싹도 몸과 마음이 건강하고 즐겁게 살아가길 바란다. 아니 미래의 새싹들에게는 올바른 가치관을 가지고 건강한 몸으로 자라나길 바라고 지원해야 한다. 내가 나이가 들어 일을 하지 못할 때는 지금보다 살기 좋은 한국을 만들어 지길 바라며 나는 언젠가 새워질 '네버랜드'의 건립을 꿈꾸어본다.

최귀선

외국인을 위한 한국어교사 겸 제일다문화센터 한국어학교장
평생교육사, 사회복지사, 다문화가정상담사
다문화 한문화되기 사회적기업 기획자
고전압 중심 주문형 전원장치 중소기업 전무이사
국가기술개발사업 평가위원, ISO 9000 심사원

저자는 대학졸업 후 대, 중견, 중소 제조 기업에서 전 직급을 거쳐 다양한 업무와 성공사례를 경험하였고 개인적으로는 큰 사업실패도 겪었다. 하나님의 은혜로 경제적 어려움을 극복하면서 기업이외의 일들을 접하게 되었고, 현재는 중소기업 임원이면서 다 같이 행복한 세상을 위해 특히 다문화주민과 함께 하는 삶을 위한 소통을 위해 노력하고 있다.

이 땅의 모든 사람이 성실하게 노력하면서 자기성취와 상호인정을 통해 만족과 기쁨의 삶을 살아가도록 함께 꿈과 희망을 펼치고자 오늘도 한 걸음 나아가고 있다.

gschoi58@naver.com

http://blog.naver.com/gschoi58

CHAPTER 5

최귀선,
그래서 성공이다

캠핑카로 만나는 232명

대학을 졸업하고 46세에 직장을 그만두기까지 나의 삶은 별다른 큰 문제없는 평탄한 시간이었다. 하지만 그 후 몇 번에 걸친 사업실패와 도산으로 집안을 완전히 들어먹고야 말게 되었다. 집은 말할 것도 없고, 자동차조차도 없게 되었다. 고작 7년 사이에 일어난 일이었다.

남들은 모아놓은 재산으로 재테크다, 노후준비다 하는 시기에 이 지경이 되고 말았으니 '과연 나는 경제적으로 어디까지 회생할 수 있을까?' 하는 암울한 생각이 내 곁을 떠나지 않고 있었다.

그러던 어느 날, 이전부터 잘 따르던 후배가 찾아오더니 "형님, 그 동안 열심히 했잖습니까? 또 여러 가지 남보다 더 잘하시잖습니까?"하면서 아는 분의 회사에 대한 컨설팅을 제안하였다. 마침 마지막으로 도산했던 기업체 경영을 통하여 직접 경험했던 일이었기에 "그래. 바람이나 한번 쐬자."라는 생각으로 함께 그 회사를 방문하게 되었다.

그런데 뜻밖에도 정식채용을 제안 받게 되었고, 비록 적은 급료이지만 54세였던 나에겐 여러 가지로 큰 의미가 아닐 수 없기에 몇 가지 약속과 조건으로 출근을 시작하였다. 마침 집 가까이에 시외버스 정류장이 있었는데, 시내를 통과하거나 빙 돌아 다른 시를 경유할 때면 수많은 정류장을 거쳐야 했고, 직장소재지에 도착해서는 다시 시내버스를 갈아타야만 출근을 할 수 있었다. 출퇴근 거리와 시간뿐 아니라 비용 또한 만만치 않았다.

버스 안에서는 눈이라도 붙일 수 있을 줄 알았는데 그럴 환경도 되지 않았다. 주중에는 회사근처에서 숙식하는 게 낫겠다 싶어 사우나에서 잠을 자면서 월세 방을 알아보기도 했다. 취직을 했어도 출근하는 것만 해도 적잖은 비용이 부담되었다. 어느 순간부터는 사우나에서 매일 밤을 보내기도 했는데, 코고는 소리며 새벽이면 들리는 취객의 고성 때문에 편하게 잠조차 잘 수 없었다.

그렇게 수개월을 지내면서 마침 회사성과에도 기여하여 마음이 가벼워지기 시작했다. 교통비 절약도 중요하지만 몸이 편해야 무슨 일을 해도 제대로 할 수 있다며 집사람이 차량구입예산을 말해줬다. 단기, 중기 유지비를 감안하여 오래되지 않은 중고 LPG 경차 (장애인용이 아닌 일반인용 LPG형 경차) 를 구입하였다. 생각 외로 여유로운 앞자리와 경제적 이점 때문에 너무나 흡족하였다. 그렇게 만족스럽게 차량으로 출퇴근을 하기 시작했고, 구입 시 1만km대 거리계는 어느 새 10만km를 넘게 되었다.

2014년 12월 4일, 여느 날과 마찬가지로 경차를 끌고 출근하였다. 아침회의를 마치고 업체에 물품을 좀 갖다 주라는 사장님의 말씀에 평소 다니던 고갯길을 넘어 가고 있었다.

아침날씨는 상쾌했다. 기분 좋은 햇살을 맞으며 정속으로 고개 내리막 급커브길 코너에 다가가고 있었는데, 순간 갑자기 눈앞에 커다란 차가 나타났다. 나는 순간 머릿속으로 말하였다.

'아, 사고구나! 피할 수 없는….'

그리고 "꽝"소리와 함께 의식을 잃고 말았다. 얼마의 시간이 지났을까? 메케한 냄새가 나의 잃은 의식을 깨웠다. 정신은 차렸으나 가슴과 허벅지의 심한 통증으로 겨우 기어서 차 밖으로 나올 수 있었다. 병원에서의 갈비뼈가 3개 부러지는 8주 진단에도 불구하고, 안전벨트가 잡아주고, 에어백이 보호해주며, 차가 뒤로 튕겨나갔을 때 고갯길가의 가드레일이 막아준 덕분에 외상이나 장기파손은 없었다. 그렇게 한동안은 종합병원을 거쳐 회사인근 정형외과에서 안정과 치료를 받아야 했고, 연말연시를 병원에서 보내야만 했다.

시간은 흘렀다. 그리고 안정을 통하여 내 몸은 어느 정도 나아지기 시작했다. 몸이 좀 나아지자 병원 옆 아는 사무실에 업무용 PC를 갖다놓고 일도 해나갔다. 애지중지했던 나의 애마 경차는 결국 이 사고로 폐차를 시켜야 했다. 새로운 차가 필요했기에 차를 알아보기 시작했는데 집사람은 대출을 좀 받아서라도 RV차량을 사라고 했다. 사고가 나니 상대 차(중대형 RV차)의 사람은 멀쩡한데, 당신은 죽다 살아나지 않았느냐는 것이다. 그리하여 결국 여러 가지 조건을 살펴보고 1년 반이 지난 중고 중형 RV차를 구입하였다. 지난 번 경차와 마찬가지로 아주 마음에 들었다.

이 차는 7인승 차량으로 주말에 가끔씩 단체 지인들과 함께 움직일 수 있어서 좋았다. 또 자세히 보니 3열이 눕혀지고 2열도 눕혀지면서 엄청난 공간이 확보되는 것이 아닌가? 인터넷을 검색하던 중 차량 동호인 올○○ 카페에 들어가 봤다. 글쎄 올○텔이란다.

루프박스에는 텐트 세트와 침낭, 테이블과 의자가 들어간다. 차박(차량숙박)용 아이템 넣는 가방과 택시전용 수납함에는 각종 조리기구와 파워뱅크, 온열매트, 일산화탄소 경보기 등 캠핑용품을 넣을 수 있고, 머리받침대 뒤의 다용도 거치대에는 여러 소소한 물품들을 수납할 수 있다. 트렁크 문 안짝에는 우산이나 겨울철 눈을 치울 삽까지도 보관할 수 있는 전용 파우치를 설치할 수 있고, 차 뒷 공간은 모텔 저리가라 할 정도의 잠자리로 변신한다.

26년 전, 미국출장을 갔다가 캠핑카를 보고 반한 적이 있다. 그들의 경제적 여건뿐 아니라 생활의 여유가 부러웠고 나도 십수 년 내에 저런 차를 하나 사서 우리나라 방방곡곡을 마음껏 돌아보리라 생각했었다. 그러나 그 후 특히 최근에는 이러한 나의 꿈을 까마득히 잊고 살아왔다. '아이 있는 아빠 차, 올○텔'이라는 올○○ 카페를 보기 전까지는 말이다.

물을 직접 사용하지 못한다는 거 말고는 그때 부러워했던 캠핑카와 다를 것이 하나도 없다. 빠른 차박 준비와 철수 그리고 주차할 수 있는 곳이면 어디든지 쉼터와 숙소가 되는 편리함과 아늑함에 안전함까지 모두 갖추었다. 캠핑카처럼 남의 시선을 끄는 부담감도 없으니 더 좋다. 카페를 보니 클럽캠핑난이 구성되어 추천 캠핑장, 각종 정보란에 여행후기까지 있어 캠핑을 즐기기에 좋은 내용들이 가득했다.

고민이다. 26년 전, 나의 버킷리스트 중 하나였던 캠핑카를 지금 나는 갖고 있는 건가? 지금의 차로 그토록 소원했던 전국 232개 시군을 자유로이 여행은 하되, 또 앞으로 10년 내에 정말 근사한 캠핑카를 사는 꿈은 그대로 놔두어야 하는가?

그렇다. 캠핑카는 소유가 목적이 아니라, 캠핑카로 전국 232개 시, 군 하나도 빠짐없이 한 곳 이상을 찾아가 한 명 이상을 만나면서 내 나라, 내 땅, 이 시대를 함께 하는 사람들을 만나보는 것이 꿈이 아니었던가!

그 때까지는 아직 나의 멋진 버킷리스트로 남겨두기로 하자. 그리고 몇 년 후, 또 다른 저서에서 지금을 돌아보며 그 동안 만났던 232명의 이야기를 담기로 결심했다. 바로 나와 여러분의 이야기를 말이다. 이렇게 꿈을 계속 품어갈 수만 있다면, 지금 당장 그 꿈이 이루어진 것이 아니라 할지라도 이미 반은 성공했다고 볼 수 있지 않을까? 꿈을 꿀 수 있어서! 그래서 나는 성공이다!

❷

소문난 외국어 강사

5년 전의 일이다. 마지막 힘을 다하였으나 회사는 회생이 어려워 보였다. 개인적으로 최악의 경제상황은 면할 수 있는 M&A(기업인수합병) 조차도 기대하기 어려웠다. 도산이후에 펼쳐질 여러 가지 일들이 눈앞에 아른거렸다. 지금 생각해보면 어쩌면 도산이후의 어려움보다 그 전부터 어찌할 줄 몰라 두려움에 갇혔던 때가 더 힘들고 괴로웠던 것 같다.

그 해 초의 일이었다. 다니던 교회에는 외국인이 많이 있었고, 나는 영어권 외국인들과 함께 주일을 보냈다. 우리는 새해계획을 세우면서 이들에게 한국어를 가르치기로 하였다. 나는 준비팀장으로 두 분의 선생님들과 함께 한국어교육계획을 세웠다. 그리고 주일 오후시간마다 가나다부터 가르치기 시작했다.

그나마 두 분의 선생님들은 어린아이들을 가르친 경험이 많아서 재미있게 수업을 진행하였다. 그럼에도 불구하고 누군가를 가르치는 일이 마음과 열정만으로는 부족하다는 것을 느끼기에는 그리 오랜 시간이 걸리지 않았다. 우리는 자연스럽게 구사하는 우리말, 우리글이지만 이를 외국인한테 가르친다는 일이 쉽지 않다는 것은 조금만 생각해봐도 금세 알 수 있는 일이다. 가르치는 선생님이 먼저 배워야만 하는 상황이 되어버리고 만 것이다. 그나마 다행인 것은 일주일에 한 차례 수업일 뿐이었고, 기초과정을 배우는 기간이 길어지는 바람에 다행히 우리는 능력 있는 선생님으로 계속 남아있을 수 있게 되었고, 그 사이에 우리는 실질적인 한국어 교수능력을 키워 나가야만 했다.

그 해 여름이었다. 회사의 미래는 앞이 전혀 보이지 않았다. 불안감이 나를 감싸고 있던 어느 날, 우연히 우리시 여성인력개발센터에서 한국어교사양성과정 (전액 국비지원) 수강생을 모집하고 있음을 알았다. 하지만 함께 가르치는 두 여선생님들은 일 때문에 시간을 낼 수 없었다. 나도 비록 내일모레면 문을 닫아야 할 회사이지만, 그래도 하루의 반나절을 두 달씩이나 빠질 수는 없는 노릇이었다. 아무도 그럴 시간도 여건도 되지 않았던 것이다.

그러나 회사가 호전되지 못할 것을 뻔히 알면서 그 망해가는 구렁텅이에 처박혀있느니 나는 나에게 필요한 공부를 하자고 결심했다. 서류신청을 하였고 연락이 왔다. 크게 결심하여 신청을 했건만, 그 조차도 지원자가 많아 경쟁률이 3:1이 넘어 면접을 봐야 한다고 했다. 나는 회사 약속 때문에 면접시간을 맨 첫 타임으로 요청했고, 한 손에는 가르치고 있던 교재를 가지고 나갔다.

면접을 보고 며칠 후, 선정통지를 받게 되었다. 30명 모집에 1백 명이 넘게 응시했다고 하는데 다행히도 선정된 것이었다. 나는 맨 뒷자리에 자리를 잡고 수업을 들었다. 아직은 회사일로 수업에 집중할 수 없었기 때문에 센터 담당자한테 양해를 구했다. 최대한 참석하고 열심히 배울 테니 수료증만 받게 해 달라고 말이다. 수업을 받으면서는 정말 많은 것을 배우게 됐다.

'아, 이래서 사람이 배워야만 하는 구나'

이런 생각을 하며 자신감도 생기기 시작했다. 수료가 되자 나를 제외한 모든 수강생은 국가자격시험을 보기를 희망했다. 그 흐름에 나도 엉겁결에 시험정보를 접하게 되었고, 시험을 준비하게 되었다.

나는 지방의 교육도시에서 태어나 초중고교를 다녔다. 누님을 비롯하여 많은 친구들이 사범대학에 들어갔고, 선생님이 되었다. 부모님을 포함하여 주위로부터 선생님이 되지 그랬느냐는 말을 정말 많이 들었다. 학교 선생님만 선생님인 건 아닌 데 말이다. 직장생활을 하면서도 이름 있는 강사가 될 수 있다고 믿었다. 수많은 영어 학원 간판을 보면서는 나도 소문난 영어강사는 될 수 있지 않을까 하고 생각했다. 그러나 돌이켜보면 한 번도 씨먹지 못한 공업교사자격증, 손꼽을 횟수의 사내 및 외부강의, 6년여의 교회 초등부 교사가 전부였다. 명강사와는 왠지 거리가 있어 보였다.

회사는 언제 날짜로 부도처리를 하느냐만 남아 있었다. 여기 저기에서 채무 독촉 전화도 빗발쳤다. 그 때 한 친구가 휴대폰의 무음 기능을 알려줬다. 진동으로 신호가 오면 괜히 불안하고 짜증이 났었는데 신기하게도 무음으로 전환하니 마음의 흔들림이 없이 공부에 집중할 수 있었다. 얼마 지나면 경매가 집행될 아파트지만 그래도 집 바로 옆에 대형도서관이 있어서 도서관이 문을 닫는 밤12시까지 책을 보다가 집으로 들어갔다.

어느덧 시험 날짜는 다가왔고 시험을 치르게 되었다. 시험은 무척 까다로웠다. 가채점 결과는 불합격이었기에 발표 날에는 기대도 하지 않았고 확인조차도 하지 않았다. 수료 동기생으로부터 총 5명이 서류 합격이 됐다는 전화를 받기 전까지는 말이다.

동기생의 전화를 받고 결과를 확인한 나는 내 눈을 의심했다. 합격이었던 것이다. 전산 오류라 생각하며 재검까지 해보았다. 서술형식의 문제에서 약간의 점수를 받아 커트라인을 간신히 넘겨 합격한 것이었다. 나는 날아갈 듯이 기뻤고, 그 후 면접시험을 준비해 결국 한국어교원 자격증을 받을 수 있게 되었다.

한국어교육기관 모집공고를 보게 된 것은 정말 우연이었다. 회사는 부도가 났고, 여기저기 일자리를 찾을 생각으로 평소에는 쳐다보지도 않던 우리시의 인터넷사이트를 보다가 눈에 띈 것이다. 마감이 1주일도 채 남지 않았다. 교회 담당목사와 상의하여 신청과 발표를 하였고, 12월 24일 위탁기관에 선정되었다. 다음 해, 1월초부터 수업은 시작됐고, 1주일에 3일을 가르치면서 남은 시간은 열심히 강의준비를 하였다. 몇 개월 전, 부도로 어떻게 살아가야하나 하는 생각은 어느새 할 겨를도 없었다.

말할 때는 반드시 '~요'를 붙이라고 했다. '빨리 와!'라고 하지 말고 '빨리 와요!'라고 말이다. 그러자 우즈베키스탄 교육생 한 명이 손을 들면서 말했다. "우리 공장에서는 그렇게 말 안 해요. 이런 거 처음 배워요."라고 말이다. 하루는 교육생으로 교실이 꽉 차서 이들의 출신국가 수를 세어 보았다. 총 19개 나라의 교육생이 모인 것이었다. 나는 하루라도 빨리 명강사가 되고 싶었다. '소문난 외국어 강사'가 말이다.

그 후 나는 제1기까지만 직접 강의하고, 회사에 취직되었다. 5년 째 한국어기관 관리를 하면서 강사 사정이 있을 때는 대리강의를 한다. 5년 전, 함께 한국어교육을 시작했던 한 선생님은 어린이집 원장을 그만두고 서울 모 신학대학교에서 한국어 교수로, 다른 한 선생님은 아이들을 위한 영어회화 전문회사를 운영 중이다. 우리 한국어기관 선생님들은 한 달에 한 번 식사도 하고, 세미나를 하기도 한다. 우리 모두 소문난 외국어 강사를 꿈꾸고 자부히면서 말이다.

지옥 같은 날도 있었다. 모든 것이 엉망이었던 시간도 있었다.

하지만 목표만을, 꿈만을 바라보고 달리다보니 그런 날은 이미 안주거리의 시간이 되어 있었다. 지치고 힘들어 주저앉는 건 언제나 가능하다. 우리가 성공할 수 있는 것은 언제나 그럼에도 불구하고 나아갈 때라는 걸 지금의 나는 안다. 이 글을 읽고 있는 여러분들도 지금의 무엇이 자신을 괴롭힐지라도 이에 굴하지 말고 꿈을 향해, 목표를 향해 나아간다면 분명 웃으며 지금을 떠올릴 수 있게 될 것이다. 지금의 나는 확실히 그리 말할 수 있다.

❸

10년 후 또 다른 앤 설리번,
그레이트 멘토

"깜짝 놀랐잖아, 네 우렁찬 목소리에 졸다가 깼단 말이야!"

초등학교 6학년 때의 일이었다. 담임선생님께서 나에게 웅변대
회에 나가라며 원고를 주시면서 내게 맞게 고쳐서 연습하라고 하
셨다. 하지만 웅변에 대한 아무런 지식이나 경험이 없던 터라 조
금 연습하다가 "못할 것 같습니다."라고 선생님께서 말씀드리자
선생님께서는 "너는 할 수 있어. 조금만 더 연습해보자."하시며
나를 달래며 이끄셨다. 결국 웅변대회는 열리고 나는 그 날 단상
에 올라서 웅변을 하게 되었고, 클라이맥스에서는 여지없이 오른
손 주먹을 불끈 쥐고 단상을 내리치며 큰 소리로 외쳤던 기억이
새록새록 떠오른다. 지금은 고인이 되신 선생님이시지만 내겐 아
직까지도 기억에 생생한 영원한 스승님으로 남아있다.

멘토라는 말이 유행이가 된 것은 그리 오래되지 않았다. 그 전
에는 스승이라는 말로 통용됐던 것 같은데 그 대표적인 사례가

논어에서 나온다. '세 사람이 같이 길을 가면 그 중에 반드시 나의 스승이 될 만한 사람이 있다. 그들의 선한 점을 골라서 따르고 선하지 않은 점은 살펴서 스스로 고쳐야 한다.'는 공자의 말씀이다.

그런데 왠지 스승이라고 하면 거리감을 느끼게 된다. 말을 쉽게 주고받기도 어렵다. 서로를 있는 그대로 나타내기 보다는 약간의 가면을 쓰고 있는 듯한 느낌이다. 그동안 나에게도 스승이란 존재는 그런 이미지였던 것 같다. 내가 알아서 스승으로부터 선한 점은 골라서 배우고 그렇지 않은 점은 배워서는 안 되겠다 하면서 걸러 배웠던 것이다. 스승으로부터 어떤 강력한 동기부여나 피드백을 꾸준하게 접해 본 기억은 별로 없는 것 같다.

나는 멘토라고 하면 맨 먼저 떠오르는 사람이 있다. '내가 사흘 동안 볼 수 있게 된다면…. 먼저, 어린 시절 내게 다가와 바깥 세상을 활짝 열어 보여주신 사랑하는 앤 설리번 선생님의 얼굴을 오랫동안 바라보고 싶습니다.'라고 한 헬렌 켈러의 멘토 '앤 설리번(애니)'이다.

애니는 장애인 학교를 다녔고, 시각장애인으로 그 누구보다 헬렌의 장애를 이해할 수 있었다. 정신병원에 수용되기까지 했던 소녀 애니에게 한결같은 사랑을 쏟아주었던 노 간호사와 십자가를 통하여 과거의 종지부를 찍고 사랑과 소망으로 새로운 세상을 일깨워준 바아바라 목사님은 애니로 하여금 이제는 노 간호사로부터 받은 사랑을 헬렌에게 쏟고, 다른 사람의 필요를 자기 자신의 필요만큼 소중하게 여기는 강력한 동기부여자로 만드는 데 충분하였다.

애니와 헬렌의 생활이 항상 순탄했던 것은 아니었지만, 애니의 열정과 피드백, 든든함과 끈기가 헬렌의 의지와 함께 이들에게 투쟁과 승리의 삶을 안겨 주었다. 이는 그 무엇보다도 두 사람의 우정, 서로에 대한 헌신으로 신뢰와 공동성취감이 있었기에 가능했다.

지난 해 가을, 네팔에서 온 청년들에게 TOPIK(한국어능력시험)을 대비하는 특별수업을 진행하였다. 첫 날, 오리엔테이션 시간에 가장 먼저 공부를 하는 이유에 대하여 물어보았다. 이들에겐 하나같이 꿈이 있었다. 사업가로서의 꿈이 있었고, 선교사의 꿈도 있었다. 나름대로 한국 땅에서 돈도 벌고 공부도 하여 자신도 성공하고 다른 사람에도 영향력을 끼치는 사람이 되고 싶다고 했다.

그러나 꿈을 이루기 위해 지금 어떠한 노력을 하고 있으며 그러한 노력에 얼마나 만족스러운 지를 좀 더 자세히 물어보았을 때에는 모두들 신통한 대답을 하지는 못했다. 다들 공장에서 늦게까지 일하거나 2교대를 하기 때문에 꿈을 이루기 위한 노력은 거의 못한다는 것이다. 나는 그 후 계속되는 수업을 통하여 이 청년들의 개인적 특성을 조금씩 더 파악할 수 있게 되었고 그 중 한 청년이 자신의 꿈에 대한 의지가 남다르다는 것도 알게 되었다.

"네 꿈이 뭐야?"

"응, 대통령!"

"아, 네 꿈이 대통령이야? 나도 대통령인데…."

어렸을 적 우리의 꿈은 참으로 웅대했다. 지금도 어린아이들과 학생들, 젊은이의 꿈은 높고도 클 것이다. 희망이 있기 때문이다. 가능성이 있기 때문이다. 그러면 지금의 나의 꿈은 어떠한가? 지극히 현실적이고 약간의 노력만으로 할 수 있는 것들은 아닌가? 어렸을 적 그 굉장했던 꿈들은 다 사그라져지고 말이다.

네팔 청년들과의 만남을 통해 생각하였다. 그들도 지금은 나름대로 커다란 꿈을 안고 있지만, 이삼십년이 흐르면 나와 같은 상황이 되지는 않을까 하는 것이다. 그들의 꿈을 나의 꿈만큼 소중히 여기어 그들에게 강력한 동기부여를 꾸준히 해 줄 수 있다면 그들의 꿈이 성취되고 동시에 나의 꿈도 이루게 되는 것은 아닌가? 그들을 통하여 나도 이 세상에 영향력을 끼칠 수 있게 되는 것이 아닌가 말이다.

나는 한 청년의 집에 찾아갔다. 회사 바로 앞의 원룸에서 친구와 함께 살고 있었다. 다시 한 번 본인의 꿈과 의지, 그리고 꿈을 이루기 위해 현재 무엇을 하고 있고 또 무엇을 해야 하는 지를 진지하게 상의하였다. 그 주, 주말에는 성공하는 사람들의 습관에 대해 설명하고 구체적인 액션플랜을 제시하였다. 목표를 향하여 올바르게 가고 있는 지를 점검할 수 있는 위클리 컴파스 (Weekly Compass란, 육체적, 사회적, 정신적, 영적 영역에 대한 주간단위의 계획과 나의 여러 가지 역할에 대한 주간 활동계획을 수립하고 점검하는 목표관리 수단임) 툴을 활용하기도 했다. 매주 월요일마다 작성되고 점검된 위클리 컴파스를 사진을 찍어 나에게 보내기로 한 것이다.

나의 위클리 컴파스에도 역할 하나가 추가됐다. 바로 '멘토'가 그것이다. 나는 매주 월요일 한 청년의 위클리 컴파스를 확인하고 필요한 피드백을 해준다. 우리는 10년 후에 우리의 성공한 모습을 함께 마음에 담아보고 있다. 그 때가 되면 그동안의 노력과 인고가 다 고귀한 아름다운 추억으로 될 것이다.

또한, 더욱 더 영향력을 키우기 위한 또 다른 꿈도 꾸게 될 것이다. 아마도 그 때쯤이면 나의 멘토링은 더 이상 필요하지 않을 것이고, 대신 나에게는 '그레이트 멘토'라는 별명이 붙여지는 모습을 상상해 본다.

그렇게 오늘 나는 나의 버킷리스트에 '그레이트 멘토'를 하나 더 추가하고 있다.

4

다문화 드림빌더

　3월 1일, 네팔연합예배에 참석하는 청년들을 마중하기 위해 버스정류장에 나와 있었다. 마지막 버스로 도착한 네팔청년을 집회장소로 안내하면서 그에게 말을 건넸다. 한국에 온 지는 얼마 되었으며 꿈이 무어냐고 물었다. 청년은 한국에는 3개월 전에 왔는데 꿈은 잘 모르겠다고 대답했다. 그와 얘기를 하다 보니 4년 전, 한국어수업 때 처음 만났던 중국청년이 생각났다. 그 청년도 한 동안 본인의 꿈을 생각조차 하지 않은 채 생활하다가 이제야 꿈을 고민하고 목표를 세우면서 공부를 열심히 하고 있다. 지난해까지 매주 공부하러 왔던 베트남 이민결혼자도 이와 비슷한 상황이다. 많은 외국인 근로자들이 돈을 벌기 위해 한국 땅을 밟았지만 의외로 많은 청년들이 꿈이 없거나 구체적이지 않은 채로 공장과 일터에서 하루하루를 보내고 있었다.

　왜 이들에게는 꿈이 없을까? 혹시 꿈에 대하여 배워본 적이 없는 것은 아닌가? 누군가 이들에게 꿈을 얘기해주고 감동적인 성공 스토리를 들려주면서 스스로도 할 수 있다는 동기부여를 해 주는 사람이 이들 곁에는 없기 때문에 그런 것은 아닐까? 하는 생각이 든다.

나는 대학을 졸업하고 많은 회사와 여러 부서의 일들을 다양하게 겪어왔다. 실무 담당자에서부터 최고경영자에 이르는 업무를 경험하였고, 기업의 성공과 실패 과정도 지켜보았다. 다수의 프로젝트 업무에 대해 성공적인 결과를 얻기도 하였고, 나 스스로 개인과 법인기업을 설립하여 운영하면서 성장과 실패과정 또한 체험하였다. 그러한 과정에서 자기 계발 및 조직 활성화와 관련된 교육과 훈련도 많이 받았고, 정부의 기술개발지원사업과 기술사업화와 같은 국가의 갖가지 기업지원제도를 알게 되었다. 다수의 사업에 선정되어 많은 과제를 진행하기도 했고, 지원사업의 심사위원으로서 현재 활동 중이기도 하다.

그러면서 이제는 이러한 경험을 가능한 많은 사람들과 공유하면 좋겠다는 생각을 한다. 특히 이러한 정보로부터 단절되어 있는 취약계층에 대한 교육과 훈련을 통하여 그들의 잠재능력이 사장되지 않고 빛을 봄으로써 보다 밝은 우리사회가 될 수 있다면 그보다 더 보람된 일은 없을 것이기 때문이다.

현재 우리나라의 전체 결혼건수 중 다문화가정이 차지하는 비율은 10% 내외이다. OECD, UN의 통계에 따르면 OECD 국가별 거주 외국인 수 증가율이 우리나라가 가장 높다고 한다. 2050년에는 다문화가족 인구 추정치가 무려 216만 명을 넘는다. 사회는 갈수록 양극화되어가고 있는 상황에서 늘어만 가는 다문화가족에 대한 실질적인 지원이 없으면 이들 중 상당수가 사회취약계층으로 전락되어 소득불균형은 심화되고 국가는 더욱 불안정 상태에 이르게 될 것이다.

이들에게 필요한 것은 일방적인 퍼주기 식의 지원이 아니라, 대한민국 국민으로서 자연스럽게 통합되어 정체성을 확고히 할 수 있는 정서적 자립과 우리나라 국민으로서 동등한 경제 활동의 기회를 통한 경제적 자립이 가능하도록 해야만 한다. 이러한 정서적 자립과 경제적 자립을 위해서는 그에 걸 맞는 교육과 훈련, 정보의 지속적 제공과 성장의 기틀을 공유하는 운영제도의 변화 같은 사회적 기반을 통해 실질적이고 주체적인 참여가 이루어지도록 하여야만 한다.

현재 내가 살고 있는 도시에는 약 7만 여명의 외국인이 거주하고 있다. 매 주말이면 내가 다니는 교회에만 외국인이 약 3백여명이 모인다. 나는 이들을 매주 만나면서 이들에게 내가 알고 있거나 경험했던 일들을 나누고 함께 할 수만 있다면 이들의 삶에 작으나마 변화와 발전이 있을 텐데 하는 생각을 해 본다. 나 혼자만의 지식, 체험이 아니라 나와 생각을 같이 하는 사람들이 뜻을 함께 한다면 더욱 큰 시너지 효과를 볼 수 있을 것이다. 이는 앞으로 닥쳐올 다문화사회를 건전하게 육성시킬뿐더러 통합과 번영의 주춧돌이 될 수 있기 때문이다. 그동안 한민족의 피와 땀으로 일궈온 대한민국이 이제는 다문화 우리 민족에 합력하여 다가올 미래를 융성하게 해야 할 책임이 있다.

이런 시대적 흐름에는 꼭 필요한 사람이 있다. 바로 다문화 드림빌더가 요구되는 것이다. 지난 해 말, 영어로 소통이 가능한 학생들을 대상으로 한국어 특강을 진행한 적이 있다. 그 때, 나는 수업도중에 우리나라가 지금과 같은 IT 강국이 될 수 있었던 이유 중의 하나로 1980년대 말부터 시행한 국가 4대 기간전산망 (행정망, 교육망, 금융망, 국방망) 에 대하여 설명해 주었다. 고급어휘가 많이 나오는 바람에 간간이 영어를 사용해야 했지만 그날 나는 그들의 반짝반짝한 눈빛을 잊을 수가 없다. 한 나라의 대형 국가정책 사례를 듣는 그들의 가슴은 분명 뛰고 있었던 것이다. 나는 조금씩, 조금씩 다문화 드림빌더에 대한 꿈을 꾸기 시작했고, 그 꿈은 반드시 이루어질 것이라고 믿고 있다.

결혼 이민자나 중도입국자녀와 같은 다문화 가정은 대체로 남들보다 정서적으로, 경제적으로 어려운 환경에 처해 있겠지만, 더 이상 깊은 좌절감에 빠진 상태에 머물러 있지 말라고 말하고 싶다. 사람은 누구와 어디서 무엇을 하든 배울 것이 있고, 얻을 것이 있다. 나는 이들에게 앞으로 이루고 싶은 것들, 되고 싶은 모습을 꿈꾸라고 말하고 싶다.

나는 많은 다문화 가정들이 그들의 버킷리스트를 만들어 각자의 가슴에 품고 살아가기를 바란다. 그리고 우리가 함께 경험을 나누고 배움을 같이 하면서 노력하고 준비하여 우리의 꿈을 이루어가는 모습을 상상하자. 우리의 가슴 속에 이러한 믿음과 열정을 가득 채우자. 우리는 누구나 행복해 질 수 있다. 우리 모두는 다문화 드림빌더이니 말이다.

다문화의 성공이 곧, 우리나라 온 민족의 성공이다. 지금 주변에 보이는 외국인이나 그들의 자녀가 보인다면 친절하게 인사 한 번 해보는 건 어떨까? 그것이 바로 다문화 드림빌더의 첫 발걸음이 될 테니까 말이다.

이경진
스토리앤 파티하우스 대표
자기계발 작가

어린 시절 꾸었던 꿈을 다시 찾아 현재는 두 아이와 함께 이 꿈을 다시
키우고 있다.

내 꿈은 세상 아이들과 함께 첼로를 사랑하고, 연주하고 나누는 것이다.
첼로선율이 울릴 때마다 사랑의 기운이 온 세상에 퍼지기를 꿈꾸어본다.

storynparty@naver.com

CHAPTER 6

이경진,
그래서 성공이다

1

드림 & 스토리

초등학교 때 내 꿈은 가수였다.

혼자 방에서 조용필의 〈꿈〉, 서울패밀리의 〈이제는〉 같은 노래를 따라 부르며 내 꿈을 키워나갔다. 이렇게 노래를 부를 땐 가슴이 설렜고 정말 가수가 된 듯했다. 항상 내 가슴과 머릿속에는 춤을 추고 노래를 부르는 가수의 꿈이 살아 숨 쉬고 있었다.

주말이 되면 부모님 틈에 끼어 가요 톱 텐 같은 프로그램을 보았다. 속으로 흥얼거리며 입 밖으로 단 한 줄의 가사조차 소리 낼 수 없었지만, 나는 이 프로그램을 너무나 좋아했다. 내가 꿈꾸던 모습이 그 속에 있었고, 브라운관 속에서 춤을 추고 있는 가수가 나라고 착각할 정도로 말이다.

하지만 부모님은 맏이인 내가 가수가 되는 걸 원치 않으셨다.

"너 실컷 공부해서 딴따라나 될래?"

이런 말을 늘어서인지 나는 누구에게도 내 꿈을 떳떳하게 밝힐 수는 없었다.

6학년 때였다. 선생님은 아이들에게 자신의 꿈을 발표해보라고 하셨다. 그 순간, 내 심장은 두근두근 뛰기 시작했다.

'내 꿈을 말해봐?'

'안 돼! 분명히 망신만 당할 거야.'

한 명 한 명 순서가 지날 때마다 내 머릿속은 더 복잡해졌다. 그리고 어느 새 내 차례가 다가오고 있었다. 아이들은 저마다 의사, 선생님, 군인 등 자신들의 꿈을 당당하게 발표했고, 선생님은 손뼉을 치며 격려해주셨다.

그리고 드디어 찾아온 내 차례에 나는 크게 숨을 한 번 내쉬고는 당당히 앞으로 나아가 나의 꿈을 발표했다.

"제 꿈은 서울패밀리의 김승미처럼 가수가 되어 멋지게 노래를 부르며 춤을 출……."

내 말이 끝나기도 전에 교실은 웃음바다가 되어 버렸다. 할 말이 더 있었지만, 말을 더 이상 이어갈 수는 없었다. 나도 모르게 눈물이 나왔다.

수업이 끝나고 선생님은 나를 교무실로 불렀다.

"네 꿈이 진짜 가수야?"

나는 말없이 고개를 끄덕였다.

"그래? 그럼 여기서 노래 한번 불러볼래?"

이 말에 교무실 안에 있던 선생님들 모두가 나를 바라봤다.

그 순간 놀려대던 아이들 얼굴이 스쳐 지나갔다. 내 얼굴은 금세 붉어졌다. 노래는 커녕 숨을 쉬기도 힘들었다. 선생님은 혀를

차며 나에게 나가라는 손짓을 했다. 나는 뒤를 돌아 무거운 발걸음으로 교무실을 나갔다.

"그냥 공부나 열심히 할 것이지……."

들릴 듯 말 듯한 말이었지만, 내 귀에 비수를 꽂는 말이었다. 앞이 깜깜했다.

내가 집으로 돌아가는 동안 선생님은 어머니에게 전화를 걸어 이 일을 알렸다. 이 말을 들은 어머니가 나를 불렀다. 혹시나 했지만 불길한 예감은 틀리지 않았다.

"가수를 하겠다고?"

가수를 하려면 학교부터 그만두라고 했다. 나는 덜컹 겁이 났다.

"아버지한테 학교 그만두겠다고 네가 직접 말하고, 가수가 돼 보든지!"

나는 무릎을 꿇고 어머니에게 매달렸다. 불같은 아버지 성격을 나는 이길 수 없다. 결국 아버지에게 비밀로 해주겠다는 조건으로 나는 가수가 되겠다는 내 꿈을 접기로 약속했다.

가수가 되겠다는 꿈.

아이들이 놀리고, 선생님도 비웃고, 엄마까지 나서서 말리는 그런 꿈.

내게 그런 꿈은 정말 꿈이 아닌 줄만 알았다.

어느새 세월이 흘렀다. 이제 나는 두 아이 엄마가 되었다. '자식을 키워보면 부모 마음을 안다'는 말을 이제 조금씩 깨닫는 나이가 되었다.

큰 딸이 유치원을 다닐 무렵, 나는 이것저것 알아보았다. 춤추고 노래 부르는 것보다 어떤 영어학원이 더 나은지, 어떤 선생님이 독서지도를 더 잘하는지를 찾아다녔다. 이런 고급 정보는 발빠른 엄마들만이 알고 있는 전매특허품이었다. 이런 고급 정보를 얻기 위해 나는 그런 엄마들과 자연스럽게 친해졌다. 그리고 어느덧 나도 그 틈에 끼어 한 목소리 하는 엄마로 당당히 한 자리를 차고 있었다.

큰 아이는 내가 원하는 모습 그대로 자랐다. 하지만 내 어린 시절처럼 밝아 보이지는 않았다. 시간에 쫓겨 어른보다 더 바쁘게 살아가는 아이를 보며 항상 미안하다는 생각을 지울 수 없었다. 이런 고민은 한동안 계속 되었다.

어느 날, 큰 아이에게 꿈에 대해 물었다. 우리의 어린 시절과는 달리 요즘 아이들은 창의력과 발랄한 꿈이 있을 거라는 큰 기대를 하고 말이다. 하지만 큰 아이 입에서 나온 말은 30년 전, 그때 그 시절 아이들의 입에서 나온 꿈과 전혀 다르지 않았다.

순간 나의 어린 시절이 떠올랐다. 나 역시 내 부모가 원했던 모습 그대로 내 자식에게 하고 있음을 깨닫게 되었다.

'내가 아이들의 꿈을 짓밟고 있는 건 아닐까?'

이 생각이 들기 시작하자 아무리 생각해도 잘못되었다는 생각을 지울 수가 없었다. 지금이라도 뭔가 바꿔야 한다고 생각했다.

아이의 꿈을 부모가 결정해주는 것은 큰 잘못이라는 생각이 들었다.

며칠을 고민 한 끝에 나는 칼을 빼들었다. 아이의 꿈을 부모가 짓밟아서는 안 된다고 생각했다. 나는 아이가 원하는 것을 시켜야겠다고 결심했다.

발 빠른 엄마들의 말에 귀를 닫았다. 영어유치원보다 창의력을 키워주는 미술학원을 찾아다녔다. 이제부터라도 아이의 꿈을 키워주는 뭔가를 해주고 싶었다.

이런 생각이 들기 시작하자 잃어버린 내 꿈도 다시 고개를 들기 시작했다. 어린 시절로 다시 돌아갈 수는 없지만, 지금부터라도 내가 하고 싶은 꿈을 찾고 싶었다.

몇 달이 걸려 찾아낸 것이 바로 첼로였다.

우연히 보게 된 첼로의 거장 미샤마이스키의 공연. 백발의 노인이 첼로를 연인처럼 안고 사랑하듯 연주를 하고 있었다. 슈베르트, 드뷔시, 슈만이 첼로의 선율을 타고 물 흘러가듯 관객 가슴에 파고들었다. 연주가 끝나자 모든 관객들은 자리에서 일어나 기립박수를 보냈다.

순간, 그 무대에 나도 서고 싶다는 생각이 들었다. 하지만 자신이 없었다. 지금 이 나이에 악기를 배워 연주자가 되겠다고 하면 과연 믿어주고, 격려해 줄 사람이 몇이나 될까? 생각은 부정적이었다. 다시 어린 시절 내 꿈을 비웃던 아이들의 모습이 스쳐 지나갔다. 역시 첼리스트가 되겠다는 이번 꿈도 실현 불가능한 꿈일 뿐이라고 스스로 체념하고 말았다.

하지만 한 달이 흐르고, 일 년이 흘렀지만 첼리스트에 대한 생각이 내 머릿속에서 빠져 나갈 기미가 보이지 않았다. 아니 점점 더 커져가고만 있었다. 나는 내 안에서 자꾸만 더 커져가는 이 꿈을 더 이상 밀어내지 않기로 마음먹었다. 이 꿈이 단순한 충동이 아니었음을 깨달았기 때문이었다.

나는 이제 미샤마이스키 같은 첼리스트가 되겠다는 꿈을 가슴에 품었다. 그리고 그 꿈의 한 발자국 다가섰다. 첼로를 배우기 시작한 것이다. 언젠가 나는 친구, 가족들을 불러놓고 슈베르트, 드뷔시, 슈만 곡을 멋지게 연주를 할 것이다. 그리고 상상해본다. 내 연주를 들은 모든 사람이 자리에서 일어나 앙코르를 외치는 모습을 말이다.

지금의 나는 믿고 있다. 꿈은 그저 꾸기만 하는 것이 아니란 것을. 그리고 꿈은 언제나 자유롭게 꿀 수 있다는 것을 말이다. 지금 걸어가고 있는 나의 꿈으로 나의 아이들에게 이 말을 전해주고 싶다.

"꿈꾸렴. 그리고 그 꿈은 언제든지, 얼마든지 이룰 수 있는 것이란다."

물구나무서서 걷기

"언니, 내 가게 좀 맡아줘?"

"왜?"

후배는 남편의 직장 때문에 급히 이사를 가야했다. 나는 이 가게를 잘 알고 있었다. 사실 두 아이 교육비와 내 첼로 레슨비까지 매달 들어가는 돈 걱정으로 부업으로 할만한 무엇가를 찾고 있을 때였던지라 후배의 제안은 나를 솔깃하게 만들었다. 게다가 후배가 제시하는 조건이 나쁘진 않았기에 흔쾌히 나는 후배가 운영하던 가게를 맡게 되었다.

한 달 뒤, 나는 'Story N'이라는 파티 룸의 주인이 되었다. 주인이 되고 나서 나는 매주 웨딩마치를 올리고, 아기 돌상을 차렸다. 남보다 일찍 출근 하는 남편과 큰 아이, 작은 아이를 보내고 나면 이제 내 일이 기다리고 있었다. 매일 아침, 이런 전쟁의 연속이었나.

결혼 시즌이 되면 눈코 뜰 새 없이 바빴다. 정신없이 하루하루를 흘려보냈다. 이런 행사는 보통 주말에 열렸다. 결국 나에게 주말이란, 평일과 똑같은 일상이었다. 엄마와 사업가라는 1인 2역은 결코 만만하지 않았다.

바람에 붉은 단풍잎이 조금씩 떨어질 무렵이었다. 다음 달이 윤달이었다. 역시나 행사 예약이 잡히지 않았다.

'뭐, 나만 윤달인가?'

이런 생각을 하며 불안했던 마음을 조금씩 가라앉혔다. 순간, 가게 한 구석에 놓여있던 첼로가 눈에 띄었다.

"맞아! 그게 언제지?"

헤아려보니 딱 두 달이었다. 다가오는 12월, 내 생애 첫 공연을 잠시 잊고 있었다. 눈앞이 깜깜해지고 답답했다.

'내가 멋지게 해 낼 수 있을까', '아냐. 할 수 있어'

머릿속이 혼란스러웠다.

공연에서 연주할 곡인 하얀거탑의 주제가 〈비로젯〉, 바흐의 〈아리오소〉는 결코 만만한 곡들이 아니었다. 〈아리오소〉는 독주곡이라 엉망이 되어도 나만 창피하면 되지만, 〈비로젯〉은 바이올린, 비올라와 같이 연주하는 합주곡이었다. 게다가 속도까지 생각하면 가슴이 덜컹 내려앉았다. 하지만 연습 말고는 다른 방법이 없었다.

'바흐 할아버지, 제발요.'

연습곡이 무너질 때마다 나는 바흐 할아버지를 애타게 찾았다. 하지만 '연습에는 장사가 없다'는 말처럼 어렵던 곡들은 조금씩 달라져갔다. 바흐 할아버지가 정말 도와주셨던 것일까? 내 귀에도 내가 연주하는 〈아리오소〉의 소리가 훌륭하게 들리기 시작했다. 내가 연주했지만 믿을 수 없었다. 나는 내 연주를 녹음해서 몇몇에게 녹음한 파일을 전송했다.

"띠링, 띠링!"

돌아오는 메시지는 대부분 잘했다는 칭찬이었다. 그런데 딱 한사람만이 답을 하지 않았다. 앙상블 팀의 퍼스트 바이올린을 하던 오빠였다. 조금 불안했다. 까칠한 성격에 무슨 말이 나올지 가슴을 졸이며 기다렸다.

그 순간, 전화벨이 울렸다. 그 오빠였다.

"처음에 네가 한 게 아닌 줄 알고, 두 번 들었어. 다시 돌려보니 네가 한 게 맞잖아. 나도 깜짝 놀랐어. 정말 잘 했어."

소리 하나만큼은 정말 예민한 오빠였기에 오빠의 칭찬은 나를 흥분시키기 충분했다. 흥분은 좀처럼 가라앉지 않았다. 그 때, 직원이 문을 열고 들어왔다. 그 순간 나는 내 멋진 소리를 다른 사람에게 들려주고 싶은 충동이 생겼고, 의자 하나를 홀에 가져다 놓고는 무대 위로 올라가 〈아리오소〉를 연주했다.

직원 앞에서 멋들어지게 연주할 마음으로 무대 위에 올라갔지만 어쩐 일인지 시작부터 활이 부르르 떨기 시작했다. 곧 부드럽게 넘어가던 손가락이 삐걱대기 시작하더니 곡은 엉망이 되어버리고 말았다. 내가 얼굴이 붉어지자 직원은 괜히 미안해하며 슬쩍 자리를 피했다.

나는 그제야 비로소 가장 큰 문제를 발견했다. 바로 내게는 무대 공포증이 있었던 것이다.

'우황 청심환을 먹어야 하나? 아니면 맥주를 한 잔 마셔?'

앙상블 멤버들이 농담 삼아 가끔씩 했던 말이 머릿속에서 맴돌기 시작했다. 자랑스러웠던 나의 연주는 단 한 명의 관객 앞에서 처참하게 무너지고 말았다.

'어떡하지?'

내 생애 첫 연주를 망치고 싶지 않았다. 어떤 연주자는 '무대 공포를 극복하기 위해 피나는 노력과 연습을 했다'고 했다. 이제 내게 남은 시간은 단 2주였다. 나에게는 턱없이 부족한 시간이었다.

공연은 내 가게인 'Story N'에서 열릴 예정이었다. 연습 자체는 올라갈 무대에서 했지만, 과연 수많은 관중 앞에서 잘 할 수있을 지는 자신이 없었다. 이런 고민을 멤버들에게 털어놨다. 답은 딱 하나였다. 바로 무대 경험이 부족하기 때문이라는 것이었다. 하지만 사실 초보 연주자가 설 무대는 단 한 곳도 없었다. 마침 그 순간 내 머릿속을 스쳐가는 뭔가 있었다.

'그래. 진짜처럼 연습을 해보자.'라는 것이었다.

윤달 때문인지 한 달 내내 예약은 단 한건도 없었다. 나는 'Story N'에서 진짜 같은 연습을 하기로 마음을 먹었다. 시간이 날 때마다 'Story N'으로 멤버들을 불러 진짜 같은 연습을 했다. 잠시 쉬고 있는 멤버가 있을 때면 관객 자리에 앉아 청중처럼 들어주었다.

하루하루 연습을 하다 보니 어느새 결전의 날은 다가왔다. 꿈에 그리던 공연 날이 다가온 것이다. 첫 연주의 바로 다음 차례가 〈아리오소〉였다. 내가 무대에 올라 준비를 하자 수많은 관객들이 나를 바라보고 있었다. 가슴이 뛰기 시작했다. 나는 스스로를 진정시키기 위해 크게 숨을 한 번 고르고 관객들을 천천히 보았다. 그리고 마음을 가다듬고, 피아노 반주자와 눈을 맞췄다.

연주는 시작됐다. 연주를 해갈수록 파도치는 가슴은 점점 고요한 바다가 되어갔다. 끝나지 않을 것만 같았던 내 연주가 끝나자 사람들은 박수로 보답해줬다. 다행이도 큰 산은 하나 넘었지만, 여기서 끝이 아니었다. 바로 무섭게 빠른 곡 〈비로젯〉이 남아 있었다. 〈아리오소〉가 느릿느릿한 비둘기호라면, 〈비로젯〉은 KTX 같은 곡이었다.

하지만 넘어야 하는 산이다. 바이올린과 비올라의 뒤를 따라 나도 무대로 들어섰다. 그리고 곧, 서로 눈짓을 오가며 신호를 주고받고는 연주를 시작했다.

"빰빠 빠라라 빰빠 빠라라."

정말 순식 간이였다. 이 곡이 어떻게 끝났는지 기억도 할 수 없었다. 연주가 끝나자 관객들은 모두 일어나 박수를 치고 또 쳤다. 여기저기에서 브라보 소리와 휘파람 소리가 들려왔다.

공연을 성공적으로 마친 것이었다.

'스토리 N'

이 곳은 다른 사람의 스토리를 만들어 주는 곳이다. 그래서 '스토리' 뒤에 'and'라는 의미의 'N'을 붙였다. 누군가를 위해 그렇게 이름을 지은 곳에서 나는 나 스스로가 잊지 못할 나의 스토리를 '스토리 N'에서 만든 것이었다. 누군가를 위할 때 내가 가장 먼저 행복해질 수 있다는 말을 이 날 절실히 깨닫게 된 것이었다.

상상은 상상으로만 남는 것이 아니라, 진짜처럼 상상하고 꿈을 꾸게 된다면 분명 이루어지는 것이다. 나는 이제 그것을 안다. 그리고 상상한다면! 무한하게 상상할 수 있다면 결코 실패하지 않는다는 것도 말이다.

❸

특별한 결혼식

'story N'

스토리엔을 운영하면서 그 이름만큼 많은 사연을 남기며 한 해를 넘겼다. 내게는 그 중에서도 특별히 기억에 남는 결혼식이 하나 있다. 추석 바로 코앞이었다. 명절 전, 들뜬 분위기와는 달리 가게는 쥐죽은 듯 고요했다. 그러던 중 나이 지긋한 아주머니 한 분에게서 전화가 왔다.

"혹시…."

아주머니는 처음부터 주저주저하며 말을 이어나갔다.

"네?"

아주머니의 말에 나는 갑자기 눈이 휘둥그레졌다. 그 분은 추석 명절이 끝나는 주말에 예식을 해달라고 하셨다. 이런 시기의 예약은 지금까지 단 한 번도 없었다. 그것도 명절이 끝나는 징검나리 연휴에 결혼식을 올린다는 것을 상식적으로도 이해하기 어려웠다.

하지만 어쨌든 예식을 하려면 혼주와 만나 상담하는 것이 먼저였기에 나는 아주머니께 가게로 한 번 와달라고 했다. 내 말이 끝나기 무섭게 바로 두 시간 뒤에 가게로 오겠다고 하시는 바람에 나는 추석 장을 보다 말고 다시 가게로 달려 나가야 했다.

부리나케 가게에 돌아가 보니 가게 앞에 웬 할머니 한 분이 서성거리고 계셨다. 나는 약속시간보다 늦은 탓에 신경 쓰지 않고 허겁지겁 계단을 뛰어올라 가게로 향했다. 그런데 그 때, 뒤에서 누군가 날 불러 세웠다.

"아가씨?"

날 부르는 목소리에 나는 발이 멈추고 뒤를 돌아봤다. 전화로 들었던 목소리와 비슷했다.

"네. 혹시 전화…?"

할머니는 고개를 끄덕였다. 나는 할머니를 모시고 2층 가게로 올라갔다. 얼핏 보기에도 혼주는 아닌 듯 했다. 나는 따뜻한 차 한 잔을 건네며 이런 저런 얘기를 먼저 했다. 벌써 본론에 들어가야 할 때지만 할머니는 결혼식에 관해 단 한마디도 입을 열지 않으셨다. 결국 내가 먼저 입을 떼기 시작했다.

"손님들은 얼마나 되시죠?"

이 말에 할머니 얼굴이 하얗게 변했다. 조금 뒤, 할머니는 조심스레 말을 꺼내셨다.

"혹시…. 최소 인원은 몇 명이나…."

목소리는 점점 죽어 들어가고 있었다. 내가 입을 열려고 하자

할머니는 고개를 푹 숙였다. 뭔가 더 할 말이 있는 듯 했다.

"아가씨, 사실은⋯."

할머니는 이미 여러 곳을 알아보시고 나에게 오신 듯 했다. 신랑과 신부 쪽 손님을 다 합쳐봤자 고작 20명도 채우기 어렵다고 했다. 그래도 어떻게든 하나뿐인 손녀의 결혼식을 할머니 손으로 해주고 싶어 여기저기를 알아보고 있다고 털어놓으셨다. 이런 형편에 부모까지 없으니 어쩌면 손님이 없는 게 너무나 당연했다. 게다가 말을 듣고 보니 신랑 쪽도 신부 쪽보다 나은 상황도 아니었다.

사실 30명을 받아도 크게 남는 것은 없었다. 그런데 20명도 채 안된다고 하니 난감하지 않을 수 없었다. 하지만 그럼에도 할머니의 얼굴을 보자 차마 입이 떨어지진 않았다.

"저어⋯."

머릿속에서 안 된다는 말이 목까지 차고 올라왔다. 하지만 가슴은 정반대로 말하고 있었다. 나는 한참을 망설이고 또 망설였다. 그때 할머니가 내 손을 꼭 붙잡으며 말했다.

"대구 바닥에 이제 더 갈 곳도 없어. 어떻게 죽은 사람 살린다 생각하고 젊은 사람이 한 번만 도와주게. 주말에 식이 있으면 우린 월요일에 해도 상관없어."

할머니 얼굴을 보자 나는 거절 할 수기 없었다. 결국 나는 고개를 끄덕이고 말았다.

"할머니, 그냥 그렇게 하세요. 제가 힘닿는 데 까지 도와드릴 게요."

초라한 결혼식 날이었다. 할머니는 약속한 20명 식사 값을 미리 지불하고 입구에 계속 서 계셨다. 누군가를 기다리는 듯 했지만 손님은 결국 20명도 채워지지 않았다. 할머니는 예상했었던지 담담한 표정을 지으며 묵묵히 자리를 지키셨다.

그 모습은 내가 보기에도 너무 안타까웠다. 어쨌든 내 가게 찾아온 손님이었다. 나 역시 우울한 결혼식은 싫었다. 나는 용기를 내어 신부에게 다가갔다. 밤새 울었던지 신부 눈은 퉁퉁 부어 있었다.

"신부님, 제가 축가 연주 한 곡 해드리고 싶은데 어떠세요?"

신부 눈이 휘둥그레지며 나를 멍하게 바라봤다. 초롱초롱한 눈망울에는 금세 눈물이 글썽거렸다.

"제가 연주를 잘하는 건 아니지만, 그래도 오늘은 꼭 해드려야 할 것 같아서요…."

"언니, 고마워요."

오늘 처음 본 신부 입에서 나온 말이었다. 나 역시 이런 용기가 어디서 나왔는지 알 수 없었지만 나는 신부를 위해 지난 공연에 했던 〈아리오소〉를 들려주었다. 나는 그들의 축복을 위해 그들만을 위한 연주를 했다. 신기하게도 오늘따라 떨리지도 않았다. 내 진심이 전해졌는지 연주가 끝나자 우울했던 결혼식은 어느새 환한 웃음으로 바뀌고 있었다.

'story N'에서는 작은 규모의 웨딩, 돌잔치가 주로 열린다. 이렇다보니 손님 중에는 꼭 하나씩 이런 작은 사연을 가지고 있었다. 할머니 손녀의 결혼 식 이후, 나는 작은 결심을 하나 했다. 나에게는 아직 어설픈 연주지만, 다른 사람에게 감동을 줄 수 있다고 믿으며, 가슴 아픈 사연을 들을 때마다 내 연주로 손님들 가슴을 어루만져 주기로 말이다. 비록 멋지고 완벽한 연주는 아니지만, 지금 내가 할 수 있고, 해 줄 수 있는 가장 아름다운 선물이니 말이다.

'story N'

돌잔치, 웨딩을 하는 곳이다. 하지만 이곳에는 나라는 특별한 파티 플래너가 있다. 나는 'story N'을 찾는 사람들에게 특별한 추억을 선물하고 싶다.

세상에서 가장 아름다운 연주는 무엇일까? 멋진 연주? 화려한 연주? 그것은 바로 따뜻한 마음에서 우러나오는 사랑이란 메시지가 담긴 연주가 아닐까 생각한다. 이것이 세상에서 가장 아름답고 멋진 연주라고 나는 믿고 싶다.

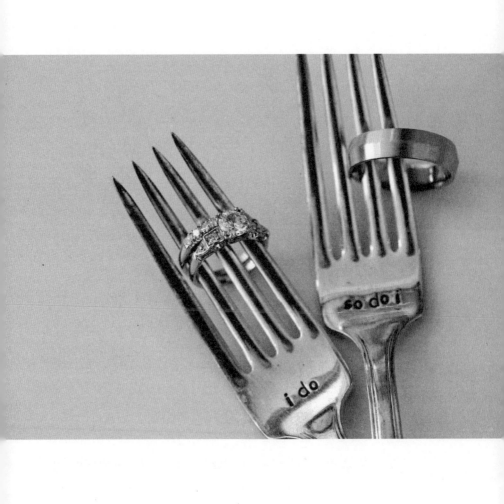

스토리 앤 드림

내가 자주 찾는 인터넷 카페가 있다. '뒤포르 첼로 카페'라는 곳이다. 이곳은 첼로를 하는 사람들끼리 모여 수다를 떨고, 자기 연주를 동영상으로 올리기도 했다. 개중에는 나무를 사서 직접 첼로를 만드는 별난 사람도 있었다. 독특한 콘셉트 덕인지 카페 회원 수는 점점 불어나 지역 모임도 하나 둘씩 생겼다.

이 지역 모임을 나가면서 어떤 언니 한 분을 알게 되었다. 그 언니는 첼로 모임에 플롯을 가끔씩 들고 왔다. 알고 보니 플롯 전공자였다. 그래서였던지 첼로를 배운지는 얼마 되지 않았지만 나와 비교 할 수 없을 만큼 소리가 명쾌했다.

어느 날이었다.

"끝나고 나랑 차 한 잔 할까?"

모임은 항상 여러 사람들과 함께했기 때문에 그 언니와 단둘이 애기 할 기회는 낳지 않았다. 사실 나도 그 언니와 좀 더 친해지고 싶은 마음이 있었기에 흔쾌히 그러자고 했다. 언니는 항상 그랬듯이 오늘의 내 연주에 대해 몇 가지 지적을 해주었다. 나는 고개를 끄덕였다. 틀린 말이 아니었다. 이런 말을 들으면 오히려 내 기분은 더 좋아졌다. 내가 뭘 잘못하는지 알 수 있었기 때문이었다.

이런 저런 말이 한참 오갔다. 언니가 자세를 고쳐 잡으며 나를 똑바로 쳐다보았다. 뭔가 중요한 말이 있는 듯 했다.

"너 전공 한 번 안 해 볼래?"

솔직히 하고 싶었다. 편입을 해서 전공을 하려면 화성, 청음 같은 음악이론 수업까지 학점을 따야 했다. 하지만 집안일과 가게, 게다가 학교를 다니며 수업을 들을 자신이 없었다. 나는 아쉬운 표정으로 고개를 내저었다. 하지만 언니는 여기서 포기하지 않았다.

"취미로 하면서 너 만큼 열심히 하는 애는 네가 처음이야."

나를 설득하기 위해 그냥 하는 소리 같았다.

"마음가짐이 중요해. 취미 생이 전공보다 잘하는 경우도 더러 있지만, 취미생은 쉽게 포기하는 경우가 많아. 전공하겠다고 마음먹으면 활 잡은 자세부터 달라진다고."

아무리 생각해도 틀린 말은 아니었다. 하지만 이 나이에 전공까지 해서 뭘 할까라는 생각이 들어 선뜻 결정할 수가 없었다. 언니 말은 진심에서 우러나온 말이었지만 쉽게 결정할 문제는 아니었다.

"알았어. 한번 생각해볼게."

그 뒤로 나는 계속 결정은 내리지 못한 채 시간이 날 때마다 카페를 들락거렸다. 그러던 어느 날, 카페 게시판을 하나씩 살펴보다가 특이한 글 하나를 발견했다.

"뒤포르(첼로인 카페이름)장학 재단"
캄보디아 호산나 학교 오케스트라 후원!
캄보디아에서 레슨 봉사를 해주실 분을 모집 합니다.

이 글과 함께 사진이 올라와 있었다. 악기를 들고 있는 아이들이었다. 세 줄짜리 첼로, 테이프가 덕지덕지 붙은 바이올린... 하지만 그럼에도 아이들은 모두 환한 얼굴을 하고 있었다.
"뭐. 장학재단이라고?"
너무 거창하다는 생각이 얼핏 들었다. 그 순간, 예전에 읽었던 책 한 권이 떠올랐다. 바로 <히말라야 도서관>이란 책이었다. 나는 책장을 뒤져 이 책을 다시 펼쳤다.
시작은 '히말라야 도서관엔 책이 없다'로 시작했다. 도서관에 책이 없다니 말이나 되는 소린가? 그러나 히말라야에는 이것이 현실이었다. 어쩌면 내 첼로 실력과도 다르지 않다는 생각이 문득 들었다. 책에 있는 사진들을 하나씩 살폈다. 존 우드가 설립한 재단에서 학교를 짓는 사진, 학교를 다니는 행복한 아이들 미소.
사진을 보는 순간 나도 모르게 눈물이 나왔다. 학교라고 부르기에 너무 초라한 건물이었다. 히말라야 아이들은 이런 학교를 다니면서도 행복해 보였다.

'만약 우리 아이들에게 이런 학교를 다니라고 하면 뭐라고 할까?'

우리와 너무 다른 현실을 보면서 가슴 한 구석이 아려왔다. 몇 장 더 넘어가자 또 다른 사진들이 있었다. 해리포터 에티오피아 판을 들고 있는 존 우드의 사진이었다. 동네 서점, 아니 중고책방에 가도 싼값에 살 수 있는 책이었다. 이런 책조차 히말라야 아이들은 몇 달을 기다려야만 볼 수 있었다. 그것도 억세게 운이 따라야만 가능한 일이었다.

결국 도서관 2,300개, 학교 200개, 컴퓨터 교실 50곳, 장학금을 받은 1,700명의 아이들, 백 만 권의 책들이 존 우드가 이루어 낸 결과물이다. 이 정도라면 개인이 아닌 국가에서 해야 할 일이 아닌가 생각이 들었다. 하지만 한 사람의 생각과 용기가 기적을 만들어 낸 것이었다.

조용히 책을 덮었다. 한 사람의 생각과 의지가 정말 중요하다는 생각이 들었다. 그리고 내가 살아 온 길을 한 번 더 생각해보았다.

아무런 목적 없이 살아온 시간들…….
아둥바둥 살면서 나와 내 가족만 생각했던 삶들…….

나도 세상의 뭔가가 되고 싶었다. 지금도 늦지 않았다는 생각이 들었다. 내게 가장 부족했던 것은 내 생각과 의지가 불명확했다는 것을 이제 깨닫기 시작했다. 이런 생각이 들자 나도 모르게 고개가 숙여졌다.

이제부터 내가 무엇을 할까 고민했다. 내가 가장 하고 싶은 일이면 더 좋겠다는 상상을 하면서 머리를 굴렸다. 열 번, 백 번을 생각해도 첼로였다.

"그래. 이왕 할 거라면 제대로 배워서 좋은 곳에 써먹어 보자!"

그리고 나는 내가 할 수 있는 일들을 구체적으로 적어보았다.

1. 나는 음대에 편입해서 첼로를 전공하겠다.
2. 나는 어렵고 힘든 아이들을 위한 첼로 선생이 되겠다. 어려운 곳을 찾아다니며 레슨 봉사를 정기적으로 다니겠다.
3. 중고 악기와 악기 소모품과 악보와 책등을 틈틈이 모아 어려운 곳에 보내준다. 매달 그런 아이들을 위해 정기적인 후원도 할 것이다.
4. 나는 꿈이 있는 엄마가 되겠다. 나의 자녀들과 세상의 아이들을 위해 꿈을 전달하는 메신저가 되겠다.

나는 지금 너무 행복하다. 이런 꿈을 매일 매일 생생하게 꾸고 있기 때문이다. 이제 세상에 내 꿈과 비전을 선포한다. 그리고 언젠가 분명히 이루어질 그 날을 위해 오늘도 힘차게 보낸다. 삶이 있다는 것, 그것만으로도 나는 성공이라 생각한다. 아직 할 수 있고, 해야 할 것이 있다는 것만으로도 이렇게 행복하니 말이다.

STELLA
자기계발작가

20대 초반에 미국 유학을 통해 뒤늦게 영화의 길에 들어서게 되면서부터 꿈이 생기기 시작했다. 그 꿈을 위해 노력하고, 나만의 방식으로 자기계발을 하고 있는 중이다. 사람들이 많이 공감힐 수 있고, 웃음과 감동, 스킬를 느끼게 해줄 수 있는 내용의 시나리오를 준비하고 있다.

dawon63560@gmail.com

CHAPTER 7

STELLA,
그래서 성공이다

시나리오 작가 Stella

'내가 하고 싶은 것은 무엇일까?'

'무엇을 해야 행복할까?'

'뭘 해야 즐거울까?'

아직 나에게는 그 무엇도 정해져 있지 않았다. 일을 하면서도 종종 짬을 내 친구들도 만나고, 즐기기도 했지만 어느 순간부터인지 그러고 나면 불안함과 초조함을 많이 느끼기 시작했다. '돈이 있어야 버틴다.', '돈이 있어야 뭘 하지.', '돈이 있어야 어딜 가고 배우기도 하지.' 나는 이렇게만 생각했다. 하지만 또 어떤 때에는 굳이 돈이 없어도 내가 하고자하고, 내가 하고 싶고, 내가 찾으려고 노력만 하면 굳이 돈이 없어도 배울 수 있는 상황이 나에게 주어지고, 그만큼 나에게 돌아오는 것도 많다는 것을 느낄 때도 있었다.

언젠가 친구들과 얘기를 나누다가 이런 얘기를 한 적이 있다.

"아, 뭐하지? 앞으로 뭐해야 될까? 앞으로 뭐하면서 돈을 벌어야 될까?"그러고는 또 금방 "이렇게 생각만 하면 뭐하나? 내가 몸으로 안 움직이고 머리로만 생각만 한다고 뭐가 나오기라도 하나?"라며 금세 얘기를 접어 두어버린다. 매번 뚜렷한 답을 찾지도 못한 채 말이다. 하지만 어떻게 보면 나는 정말 운이 좋은 사람인 것 같다. 지금까지 여러 가지 일을 해오면서 많은 도움을 주고받고, 많이 배우기도 하고, 가르쳐주기도 하면서 다방면으로 많은 경험을 해왔다고 생각하기 때문이다.

나는 중학교 3학년 때부터 서빙 일을 시작하면서 남들보다 조금 빠르게 사회라는 생활을 접하게 되었다. 중학교 때부터 일을 해왔던 터라 힘든 일도 마다 않고 일을 해왔다. 그러다 미술, 디자인을 전공으로 졸업을 하기 전에 어디론가 떠나고 싶다는 마음과 함께 유학을 생각하게 되었고, 유학원에 가서 상담을 받고 준비를 하기 시작했다.

미국 LA쪽에 지인이 있었던 나는 LA로 유학가기로 결정을 한 후, 학교를 정하여 준비를 마치고 출국을 하게 되었다. 처음 미국에 도착했을 땐 아무 걱정 없이 즐겁기만 했다. 나 혼자 타지에서 지내면서 공부도 하고, 마음대로 즐기고 구경도 많이 다니곤 했다. 하지만 그 생활도 잠깐일 뿐이었다. 미국에서 지낸지 1년가량 지났을 무렵 부모님께서 들어오라는 말씀을 꺼내셨다. 물론 자금문제 때문이었다. 하지만 나는 이대로 돌아가고 싶지는 않았기에 그 때부터 일자리를 알아보기 시작했다.

미국에서는 학생신분으로 일을 하지는 못한다. 결국 불법으로 일을 해야 했는데 다행히 한인 타운에서 일을 찾을 수 있었다. 미술을 전공한 나는 컴퓨터 디자인 쪽으로도 많은 작업을 해왔기 때문에 사진 스튜디오에 들어가서 일을 할 수 있었던 것이다. 평소 사진에도 관심이 많았던지라 나는 어느 일보다도 즐겁게 일을 하면서 한 달, 한 달을 버텨올 수 있었다.

그렇게 사진 스튜디오에서 즐겁게 일을 하고 있었는데 갑작스럽게 스튜디오의 사장님이 바뀌게 되면서 일을 그만 두게 되어 버리고 말았다. 하릴없이 나는 다른 일을 찾아야 했지만 일은 생각보다 쉽게 구해지지 않았다.

일이 쉽게 구해지지 않아 지쳐갈 어느 날, 지인들과 우연히 유니버설 스튜디오라는 곳에 가게 되었다. 그 곳에서 나는 영화를 처음 접하게 되었고, 그 뒤로 영화의 매력에 푹 빠지게 되었다. 여러 번 스튜디오를 왔다 갔다 하면서 영화에 관한 일을 할 수 있는 방법이 없을까 하는 생각에 영화에 관련된 일을 알아보다가 우연히도 같이 촬영을 하자는 스태프 구인 광고 글을 보게 되었다. 구인 글을 본 즉시 나는 연락을 했고, 단편이었지만 영화촬영이라는 경험을 할 수 있었다.

처음 접하는 경험인 만큼 재미있었고, 스태프들과 얘기를 하면서 좋은 조언도 많이 들을 수 있었다. "끝까지 같이 해보자.", "포기하지마라!", "열심히 한 만큼 너에게 돌아오는 그 뿌듯함이

너를 더 성장 시켜줄 것이다."라는 격려어린 조언도 많이 들을 수 있었고, 그 덕에 자신감도 조금씩 생기기 시작했다.

그렇게 영화 한 편을 마무리 지으면서 많은 생각이 들었다. '아, 좋은 경험이었다.'라고 끝낼 것인가, 아니면 내가 진짜 이 길로 들어서면 과연 내가 잘 할 수 있을까? 하는 생각에 머리가 복잡해졌다. 하지만 3년이 흐른 지금의 나는 여전히 영상에 관심을 갖고, 배우며 일하고 있다. 지루하다고 느낄 시간도 없이 영상, 사진에 관한 이런저런 일을 하다 보니 어느 샌가 내가 하고 싶어 하는 일이 정해진 것처럼 시간은 흘러갔다.

일을 하면서 불미스러운 일도 없진 않았다. 사람이 좋은 일만 있을 수는 없겠지만 내 성격이 잘 참지 못하는 스타일이다보니 부딪히는 일도 일쑤였다. 사람마다 성격은 다르니 나랑 모든 사람들이 맞을 수는 없는 게 어떻게 보면 당연한 일이기도 했다.

이런 일을 겪다보니 문득 사람들 간의 의사소통이 살아가면서 제일 중요한 것 같다는 생각도 들었다. 지금까지 일을 해오면서 느낀 것 중 하나는 서로간의 의사소통이 제대로 이루어져야만 자기가 맡은 일 또한 제대로 이행할 수 있다는 것을 느낀 것이다. 의사소통이 제대로 되지 않아 일이 제대로 풀리지 않는 것은 누구도 탓할 수 없는 것 같다. 누구든 불리한 상황에 몰리게 되면 '너 때문이다.'라고 생각하며 남 탓으로 떠넘기는 것 같다. 나 역시도 며칠 전까지는 그렇게 말해오곤 했다. 하지만 누군가를 탓하며 욕하는 행동은 그러는 것 자체가 정말 유치하다는 생각이 든다. 나도 그런 유치한 일을 반복해서는 안 되겠다는 생각과 함께 반성하기도 한다.

나는 도전을 하는 성향을 가지고 있다. 항상 무언가를 하고 싶어 하고, 하려고 한다. 영화에 대해서 아무것도 몰랐지만 난 맨 땅에 헤딩하듯이 뛰어들었다. 새로운 도전을 두려워하지 않는 것이 나의 장점 중 하나인 것 같다. 비록 영화 스태프 일을 많이 해보지는 않았지만, 이 일을 하면서 나는 많은 것을 배우고, 또 느끼기도 한다. 내가 사람을 좋아한다는 이유, 사람들과 어울리며 밤샘 촬영도 마다 않고, 찍으면서 결과를 보게 되면 한편으론 뿌듯함도 느끼는 것을 보면 역시 영화는 나와 맞는 것 같다.

공부의 끝은 없는 것 같다. 어떤 것이든 무엇이든 공부를 하고, 검색을 해가며 살아가야 되는 것 같다. 학생 때나, 지금이나 '공부'라는 단어가 나는 정말 싫다. 하지만 내가 하고자 하는 분야의 경험을 하게 되면서 나에게 부족한 점이 무엇인지, 어떤 것인지를 알고 나서부터는 '공부'라는 단어보다는 '영화'라는 단어에 흥미가 생기기 시작했다.

나도 모르게 저절로 영화에 대해 빠져들게 되고, 어느새 영화에 관한 책을 보고, 노트에 영화에 관련된 글들을 정리하며 써내려가고 있었다. 나의 관심사가 확실해 지고 나서는 나도 모르는 사이에 내가 공부를 하고 있었던 것이다. 예전에는 '공부가 제일 쉬웠어요, 재미있어요'라는 말을 들을 때면 나는 '뭐라는 거지?'

라고 어이없어 했는데, 현재로서는 조금 공감이 가기도 한다.

　나는 앞으로 시나리오 작가가 어떻게 글을 써 내려가는지에 대해 공부할 예정이다. 나의 경험이나, 겪었던 일을 토대로 하는 시시한 이야기가 아닌, 모든 사람들이 공감하고, 즐길 수 있는 시나리오를 쓰고 싶다. 아직 영화라는 것 자체에 경험이 많다고는 생각하지 않는다. 아직까지 시작하는 단계일 뿐이라고 생각한다. 하지만 이 시작이 언젠가는 분명 창대한 시나리오 작가의 길의 시작이었음을 깨닫게 될 날이 올 것이라 나는 믿는다. 그리고 언젠가는 'Stella 작가'의 시나리오로 탄생된 영화가 대박이 나는 날도 올 것이라 믿으며, 오늘도 나만의 시나리오를 위해 아이디어를 찾는다.

내 인생의 시나리오

　꿈은 크게 가지라는 말을 들었다. 내가 가지고 있는 현재 내 꿈은 단편영화를 제작해 보는 것이다. 내가 시나리오를 쓰고 연출하여 한 작품을 만들기까지는 시간이 다소 걸리겠지만, 앞으로 영상 쪽으로 공부를 계속하면서 점차 꿈을 키워 나가고자 한다. 하지만 종종 내가 하고자 하는 이 꿈을 너무 늦은 시기에 시작하는 것이 아닌가 하는 생각도 든다. 나는 이정도 밖에 안 되는데 과연 내가 할 수 있을까? 아니면 내가 잘하는 것을 밀고 나가야 하는 것일까? 하는 부분에서 갈등하고 있는 것이다. 내 나이 정도가 되면 또래들은 하나 둘씩 자리를 잡아간다. 그런 모습을 보고나면 한편으론 내 자신이 답답하기도 하다. 그럴 때마다 나는 속으로 이런 생각으로 자신을 다잡는다.

　'할 수 있다는 확신은 없지만, 한 번 해보자.'

　나는 혼자 있을 때나 집에 있을 때면 책을 읽거나 영화 보는 것을 좋아한다. 한동안은 좋아하는 것들을 왜 좋아하는 걸로만 끝냈었을까? 하는 후회도 많이 했었지만, 결국 시나리오를 쓰는 일을 시작한 후부터는 오히려 영화를 잘 안 보게 되는 것 같았다. 내가 지금 읽고 있는 책에서는 '시나리오 별거 아니네, 나도 한번 써볼까?' 하는 생각을 가지고 써내려가는 사람들이 많다고 한다. 그 문장을 보고 나 역시 뜨끔했다. 나도 처음에는 글 한번 써보지 뭐' 라고 생각하기도 했었기 때문이었다.

나이가 들수록, 밖으로 나가면 시끄럽고, 바쁘게 움직이는 사람들 사이에 끼어 정신없이 하루를 보낸 적, 일을 하면서도, 똑같은 일상 중 하나인 것 같아 허탈감과 지루함 등을 느낄 때도 있었다. 이럴 때마다 혼자 있고 싶은 생각이 종종 들곤 한다. 이 이유 때문에, 혼자 조용히 앉아 책을 써 보는 것은 어떨까 하는 마음에 시나리오 제작을 생각하게 된 것도 있었다.

글을 써내려가야 한다는 것이 쉬운 일이라고는 생각하지 않지만 내가 쓴 시나리오가 스크린에 나오는 모습을 상상해보고, 내 안에 있는 이야기로 인한 나의 기분, 나의 느낌들로 배우들이 연기를 하는 모습에 만족감도 느끼고 싶은 마음으로 제작하는 것이 가장 큰 이유이다. 짧은 시나리오일지라도 그 짧은 시간 내에 내가 표현하고자 하는 이야기를 담아내야하는 그 자체가 관건이었다. 내가 써내려가고자 하는 많은 이야기들을 담기 위해서는 차근차근히 내가 어떤 내용을 담고자 하는지를 정해야 한다는 것을 점차 알게 되었다.

시나리오에 관한 책을 하나하나 읽어나가면서 나 나름대로 노트에 정리를 해가며 읽고 있기는 하지만, 한편으론 내 머릿속에 있는 드라마를 아무생각 없이 써 내려가는 것도 하나의 방법이 될 것 같다. 내 머릿속에 있는 대화, 표정, 심리적인 상태 등을 쓰고, 지우고를 반복하며 한편의 시나리오가 나올 때까지는 시간이 좀 걸리겠지만, 나만의 방법도 될 것 같다는 생각을 해보기도 했다.

모든 사람들이 인생을 살아가는 것 자체가 시나리오라는 생각이 든다. 지금도 나에 대한 이야기를 풀어 나가면서 '어느 아늑한 카페에 앉아 내가 이렇게 책을 쓰고 있는 내 모습'이나, '카페 창밖으로 지나가는 사람들'을 보고 있으면 내가 왠지 내 머릿속에 있는 시나리오의 한 장면인 것처럼 그렇게 나 혼자 상상해 보기도 한다.

나는 시나리오를 본격적으로 쓰게 된다면 좋은 일, 기쁜 일, 즐거운 일, 행복한 일, 사랑에 빠진 일, 안 좋은 일, 나쁜 일, 슬픈 일, 우울한 일 등 사람들의 감정 중 행복과 불행에 관한 이야기를 재미있게 풀어나가고 싶다. 다른 사람들은 어떠할지 모르겠지만 나는 행복이 있으면 불행이 있고, 불행이 있으면 행복이 있다고 생각한다. 내가 생각하기에 요즘 사람들은 대부분 자기가 행복한 것 보다는 불행하다는 생각을 더 많이 가지고 생활 하는 것 같다. 경제적으로도 어렵고, 힘들고, 지친 사람들에게 힘을 줄 수 있고 이겨내며 웃을 수 있는 영화를 만들고 싶다. 사실 이런 영화를 가장 보고 싶은 것은 나 자신이기도 하다.

모든 일에 있어서 주변 환경이나 주변 사람들의 영향도 없지 않아 있는 것 같다. 나를 위해 격려를 해주고 조언도 해주는 사람이 있는 반면, '네가? 할 수 있겠어?' 이렇게 말하는 사람들도 있다. 솔직히 나는 나쁜 말을 해주는 사람들의 말을 더 잘 듣는 것 같다. 그 말이 나에게는 자극이 되어 약간의 오기와 함께 끝까지 한번 하고 싶은 생각이 더 들기도 하고, 그들에게 보여주고 싶기 때문이다.

하지만 아직 나는 아직 배우고 있는 단계이기에 욕심 부리지는 않을 것이다. 그래도 빨리 성장 할 수 있도록 노력하려고 한다. 조금은 여유를 가지고 즐기는 차원에서 차근차근히 써내려가며 조금씩 배우면서, 지우고, 고치고의 반복으로 인한 하나의 시나리오를 완성시키고 싶다.

자기가 하고자 하는 방향에 대한 전공을 하지도, 배우지도 않은 자신이 할 수 있을까 하는 것은 자기 자신만 알 수 있는 것 같다. 누구든 자기 자신에게 확신을 주고, 미래에 대한 자신감을 가지고, 노력을 한다면 시간이 오래 걸리든, 적게 걸리든, 언젠가는 그 노력에 맞는 근사한 결과가 나올 것이라 믿는다.

당신에게도 당신만의 시나리오가, 당신만의 꿈이 있을 것이다. 당신의 시나리오도, 당신의 꿈도 이처럼 여유를 가지고 즐기며 하나씩, 하루씩 보내다보면 언젠가 분명 어떤 시나리오의 해피엔딩처럼 행복하고 즐거운 시간을 맞이할 것이다. 당신 삶의 작가는 당신 자신이니 말이다.

❸

나는 아직도 하고 싶은 것이 많다

어떤 일을 하건 내 자신이 행복해질 수 있는 일을 했으면 좋겠다. 일을 하면서 스트레스도 받을 것이고, 안 좋은 일, 힘든 일은 당연히 있을 수 있다. 하지만 내가 이 일을 함으로 인해 후회는 하지 않았으면 좋겠다. 물론 지금의 나도 그렇게 느끼고 있다. 내가 이 길을 선택했다는 것에 대한 후회는 하지 않는다.

지금 생각해보면 나는 내가 아르바이트를 하건, 어떤 일을 하건 후회는 하지 않았던 것 같다. 그저 '이것도 살아가면서 배워가야 할 한 가지구나' 하고 넘어갔었던 것 같다. 그래서 주위 사람들은 하나같이 나에게 '너는 어떤 고민이 있니?'라고 물어보곤 했다. 물론 내게도 고민은 많다. 남들이 모르는 걱정, 고민들은 충분히 많다. 단지 내색을 잘 하지 않을 뿐이다.

어떤 직업이든 간에 힘들지 않은 직업은 없다. 그 힘든 과정이 있기에 나 자신을 발전시킬 수 있기에 참고 견뎌야 하는 것 같다. 학교를 다닐 때에는 '빨리 사회로 나가 돈이나 벌고 싶다.'라고 생각했었는데, 막상 사회에 나왔어도 공부는 끝이 없는 것 같다. 오히려 나이가 들수록 점점 배우고 싶은 것이 많아지는 것만 같다. '이 일을 하려면 이걸 배우는 것이 좋겠다'라는 생각에 계속해서 무언가를 배우게 된다.

배우는 것에 대한 한계는 없는 것 같다. 내가 하고자 하는 일에 필요한 것을 배움으로써 나의 능력이 높아지고, 내가 인정받을 수 있고, 나의 이력 또한 좋아지는 부분을 생각하게 된다.

하나의 게임이라고 생각하면서 계속해서 내 인생에 대한 레벨업을 하고 있는 것이다. 그리고 올라가면 올라갈수록 욕심은 더 많아지는 것만 같다. 내가 한 가지를 하게 되면 그 한 가지를 응용하여 다른 프로그램을 사용할 수 있겠다. 그렇게 하나씩 하나씩 연결해 나가면서 범위는 점점 더 넓어지는 것 같다.

짬을 내 조금씩이라도 꾸준히 해나가는 것이 중요하다고 생각한다. 내가 보기에 나에게는 자신감, 긍정적인 마인드, 모험심 등은 다 가지고 있지만, 끈기가 부족한 것 같다. 조금 하다가 지치거나 힘들면 안 되겠다 생각이 들면서 포기하는 것이 빠른 편이다. 그래서 이 부분을 좀 개선을 해보자고 나 자신에게 말을 하곤 한다. 무언가를 하다가 포기하고 싶을 때에는 나 자신과의 싸움을 펼친다. '끝까지 해보자'라는 생각을 하면서 말이다. 그렇게 하다 보니 전보다는 조금 더 끝을 보려고 하는 의지가 생긴 것 같다.

혼자 있는 시간이 많아질수록 생각 또한 많아진다. 나의 머릿속의 반은 잡생각으로 채워져 있는 것 같은데 나중에 돌이켜보면 아무것도 아니고 걱정할 일도 아닌데 왜 그렇게까지 생각을 했을까? 하는 생각도 든다. 요즘 들어 가끔씩 불안한 마음이 들곤 하는데 이것 또한 내가 나 자신에게 스트레스를 주는 요인 중에 하나이다. 나 자신도 모르게 나에게 스트레스를 주는 것 같다는 생각이 든 것은 1년 정도 된 것 같다. 앞으로 내가 해야 될 것들에 대한, 앞으로의 미래에 대한 스트레스가 조금씩 생기기 시작한 것이다.

문득 그런 생각이 든다. 스트레스를 푸는 방법은 사람마다 한 가지씩은 가지고 있기 마련인데 예전의 나는 스트레스를 술로 풀 때가 많았다. 스트레스 때문에 잠을 못 잔 적이 많았기 때문에 술을 한 잔하고 잠을 잔 적이 종종 있었다. 하지만 지금은 다른 방법으로 스트레스를 푼다. 주말마다 여행을 가거나 음악을 듣거나, 드라이브를 즐기는 방식으로 나만의 힐링을 하는 편이다. 살아가면서 사회 속에 박혀 스트레스를 풀 시간이 없다고 하지는 않았으면 좋겠다. 살아가면서 내 자신에게 쉴 시간은 없어도 만들어야만 하는 것 같다.

최근에는 핸드폰으로 인터넷 기사를 자주 보곤 하는데, 읽은 기사 중 낮잠의 중요성이라는 기사를 본 적이 있다. 낮잠을 취하고 난 뒤의 기억력이 상승한다는 기사였다. 내가 말한 힐링이라는 것은 바로 이런 것이다. 짧게라도 자신에게 쉴 시간을 줘야 한다는 것을 강조하고 싶다.

하고 있는 일에 대한 자부심을 가지는 것도 중요하다고 생각한다. 어떤 일을 하든 자신에게 맞거나, 맞지 않거나, 하고 싶은 일이 아닌데 억지로 하고 있다거나, 내가 하고자 하는 일이 아닌데 해야만 하는 사람도 있을 것이다. 나도 물론 그 중의 하나이다. 내가 마냥 집에서 시나리오만 쓰고 있지는 않기 때문이다. 일하고 들어와서 시나리오를 쓰고, 지우고, 잠을 줄여가며 한 줄, 한 줄씩 늘려가고 있다. 하지만 일을 하는 것에 대한 재미를 붙여 즐겁게 일하고 즐겁게 시나리오를 쓰다보면 하루가 짧은 것 같은 느낌도 든 적이 있다.

한 때 나는 우울증을 가진 적이 있었다. 친구가 이런 나에게 일기를 써보라고 권한걸 시작으로 벌써 일기를 쓴지도 2년 정도가 되어가는 것 같다. 잠이 들기 전에 일기를 쓰며 하루를 마무리 짓고 있는 요즘, 내가 하루 동안 무엇을 했는지 짧게라도 써내려가면서 기분이 좋든, 나쁘든 내 자신에게 가장 솔직한 시간으로 하루를 마무리한다. 일기를 써 내려가다 보면 나에게 고쳐야 할 점, 또 내가 자신 있어 하는 부분들을 느끼고는 한다. 그렇게 하루를 마무리하면 뿌듯하기도 하고, 때로는 나에게 좋은 조언이 되기도, 우울할 때면 좋은 친구가 되는 것도 같다. 일기로 마무리를 지어 자신에게 무엇이 필요한지, 자기개발이 될 수 있는 좋은 방법 중에 한가지라고 생각한다.

나는 아직 하고 싶은 것이 많다. 아직 하고 싶은 걸 도전할 수 있는 청춘이다. 그 과정이 어렵고, 복잡하고, 힘들더라도 그것에

지고 싶지 않다. 그리고 이런 마음이 나이가 들더라도 계속 이어지길 바란다.

하고 싶은 것이 있는 한, 꿈이 있는 한 나아갈 수 있다. 그리고 그렇게 언제까지이고 나아갈 수 있다면 그것으로 성공이고, 언제까지고 성공한 인생이라 생각한다. 오래 전 유명한 노래의 가사처럼.

"우린 아직 젊기에, 괜찮은 미래가 있기에!"

④

전하고 싶은 네 가지

내가 전하고 싶은 말을 네 가지로 정리하려고 한다.

첫째, 자신이 가지고 있는 꿈이 생긴다면 그 꿈을 포기하지 말라는 것이다.

힘들다고 생각이 드는 때야 말로 거의 80%는 왔다는 것을 의미하니 포기하지 않고 끝까지 밀고 나간다면 결국 정상에 오를 것이라고 말해주고 싶다. 나에게 시나리오 작가라는 목표가 생기고 나서는 힘들더라도 하루하루가 즐겁고 뿌듯함에 성취감을 느끼곤 한다.

나는 선택을 잘하지 못하는 편이다. 어떤 것이 좋은지, 싫은지 선택을 잘하지 못한다. 내가 좋으면 좋은 것이지만 남을 먼저 생각하는 것이 습관이 되다 보니, 내가 싫은데도 상대방 의견에 맞추어 그것을 선택하곤 했다. 한편으론 상대방이 나에게 부탁을 해도 거절을 잘 못했었다. 내가 할 수 있는 것이면 10번의 8번은 도와주었다. 하지만 지금은 오히려 내가 주위사람들에게 부탁을 하고, 나의 의견을 내세우며, 내가 선택한 것들에 대해 남들을 설득하고 있다. 이것 또한 일기를 써가면서 느꼈던 점이다.

둘째, 오늘 할 일을 내일로 미루지 말라고 말하고 싶다.

이 말은 어느 곳에서도 많이 들어봤을 것이다. 그 날 할 일은 그날에 끝내는 것이 나 자신에게 주는 또 하나의 성취감이라고 생각한다. 나는 하루를 마무리 지으면서 일기를 쓰고, 마지막에는 내가 다음날 해야 할 것들의 리스트를 적는다. 그 리스트는 3가지에서 5가지 정도가 적당하다. 그 이상은 적지 않는 것이 좋다. 못 지킬 리스트는 처음부터 적지 않는 것이 좋기 때문이다. 그렇게 하루 전에 적어 놓았던 리스트를 체크하고 지워 나가며 하루를 마무리 하는 것이 자기 자신에게도 만족감을 얻을 수 있는 좋은 방법이라고 생각한다.

나는 사회생활을 일찍 접해 보았지만 방황했던 날들도 많았고, 직장에 취직을 하기 전에는 하루를 아무 계획 없이 보내며 해야 할 일들을 미루는 것은 당연지사였다. 하지만 현재의 나는 이루고 싶은 것이 생기면 하루를 나눠 계획을 세워 알차게 보내려고 노력하고 있다.

셋째, 자기가 이루고 싶은 꿈에 대해 끊임없이 노력하고 배우라고 말하고 싶다.

나는 영화에 관심이 많아서 한두 가지 일을 배우고 있다. 내가 가지고 있는 작은 목표 중의 하나가 3D를 배우는 것인데, 이것을 배우기 위해서는 그 안에 필요한 소스들을 또 배워야 한다. 일도 하면서 주말에 짬을 내 책과 동영상을 보며 배우고 있다. 자기 자신이 가지고 있는 꿈을 생각하며 배우게 된다면 배우는 것에 대해 재미를 느끼고, 어떠한 일을 하는 것도 배우는 것 중에 하나라고 생각하게 된다. 그렇게 결국 내 것으로 만들게 되면 후에 내가 했었던 일들을 통해 자신도 모르는 사이에 스킬이 생기게 되고, 그런 스킬이 쌓일수록 나의 실력 또한 향상되게 된다. 너무 한 번에 많은 것을 하려 하지 말고, 작은 것 하나부터 차근차근히 계획을 통해 한 가지씩 이뤄 나아가는 것이 중요한 것 같다.

넷째, 자기 자신만의 스트레스 해소법을 찾으라고 전하고 싶다.

일이나 공부, 혹은 사람들을 대하면서 스트레스를 받게 됐을 때는 반드시 그것을 풀어줘야 된다. 스트레스가 계속 쌓이게 되면 나 자신도 지치게 되며 동시에 나의 계획도 엉클어지는 것 같다. 나 같은 경우에는 음악을 듣거나 자극적인 음식을 찾아 먹는 편이다. 음악 중에서도 락 장르의 음악을 듣거나, 자극적인 음식 중에서도 매운 맛 집을 찾아가서 먹는 편이다.

자기 자신만의 해소법을 찾아 스트레스를 풀어주는 것은 반드시 필요하다고 생각한다. 자신만의 스트레스 해소법을 찾고, 그 방법을 통해 자신의 머리와 마음에 담아뒀던 짐들을 내려놓으면서 한결 가벼워질 것이라고 말하고 싶다.

내가 이 글을 써 내려가면서 다시 한 번 나 자신과 약속해 왔었던 것들을 되돌아볼 수 있는 기회가 된 것 같다. 내가 해왔던 방법들로 인해 조금씩 발전해 나아가는 나의 모습이 보일 때마다 나에게는 가장 값진 경우인 것 같아서 뿌듯함을 느끼곤 한다.

지금 이 글을 읽고 있는 독자들도 현재 자신이 가지고 있는 꿈을 이루기 위해 노력하고, 한걸음씩 앞으로 나아가고 있을 것이다. 그 한 걸음, 한 걸음이 헛되지 않게 꿈을 잃지 말고 포기하지 않았으면 좋겠다. 지금 현재 힘들더라도 정상에 있는 나의 모습을 생각해본다면 지금 흘리는 땀과 노력의 시간들은 전혀 아깝지 않을 것이다.

아직 이룬 것 하나 없는 내가 이런 글을 써도 될까? 하는 생각이 들기도 했다. 하지만 현재 가지고 있는 꿈을 위해 조금씩이라도 발전해 나아가기 위한 나만의 방법을 말해주고 싶었고, 또 공유하고 싶었다. 그리고 이렇게 글로 정리하면서 다시 한 번 나의 꿈에 대한 확신을 갖고 싶기도 했다. 그리고 지금의 나와 다르지 않을 전국의 장그래들도 나의 이야기에 분명 공감할 것이라 생각하기도 했다.

목표를 가지고 있는 모든 사람들이 자신의 꿈을 모두 이루길 바라며 마지막으로 끝까지 읽어준 모든 분들의 감사의 인사를 건네고 싶다. 감사합니다. 그리고 당신들의 꿈을 응원합니다. 어디서 무엇을 꿈꾸는 사람이든 끝까지 파이팅!

최나연

뮤직 엔지니어 겸 감성 팔이 디자이너
자기계발 작가
추억을 기록하는 사진가

현재 프리랜서로 엔지니어와 디자이너 활동 중인 취업준비생이다. 음악
과 예술을 사랑하는 대한민국 30세 여자로서 자신을 찾아가는 여행을
즐기고 있다. 언제까지나 많은 사람들과 함께 꿈과 희망을 노래하고 싶
은 꿈꾸는 여성이다.

지은 색으로는 〈그래도 성공이다〉가 있다.

shy79n@nate.com

CHAPTER 8

최나연,
그래서 성공이다

음악을 사랑하는 감성 디자이너

어릴 적 나의 꿈은 참 많았었다. 그 많은 꿈 중의 하나는 디자이너인데 본격적으로 디자이너를 꿈꾸게 된 건 고등학교 2학년 때였던 것 같다. 초등학교 때부터 했었던 태권도를 못하게 되고, 고등학교 때 다시 운동을 시작했지만 스스로 운동에 대해 회의감을 느낄 때쯤부터 디자이너에 관심이 생기기 시작한 것이다.

당시 디자인과를 선택한 나는 밤을 새면서 좋아하는 사진으로 홈페이지도 만들고 직접 찍은 사진에 나만의 글을 담아 예쁘게 꾸며 타인과 소통하고 공감을 이끌어 내는 것이 참 좋았다. 내 손으로 잘 만들어진 어떤 것을 타인과 공유한다는 것에 대해 무한한 매력을 느꼈다고 할까? 그때부터였다. 내가 디자이너가 되고 싶다고 조금씩 구체적으로 생각했었던 때는 말이다. 그 날 이후부터 디자인에 부쩍 관심이 높아졌고 여러 가지 정부를 인터넷에서 뒤져가며 밤낮없이 흡수했던 것 같다.

그렇게 고3이 되고 대학생이 되었다. 운이 좋았던 것인지 대학

입시 대신 대학공모전에 입상을 하게 되어 대학교를 큰 고생 없이 들어가게 되었고, 과를 정하는데 있어 시각디자인과와 산업디자인과를 고민 하다 산업디자인과를 선택하게 되었다. 지금에 와서 생각해 보면 그 때의 그 선택은 정말 잘한 것이라고 여겨진다. 덕분에 보다 다양한 시각과 가능성을 가질 수 있었기 때문이다.

그렇게 대학생활은 시작되었고 시각디자인과를 졸업한 나는 조금씩 수업에 대한 갈증이 생기기 시작했다. 산업디자인과 학생이면서 시각디자인과 수업을 청강하면서 나의 꿈과 목표는 조금 더 확실해졌다. 그러다 한 학기가 흐르고 친구의 권유로 밴드에 들어가게 되면서 나의 꿈은 바뀌어 버리는 듯 했다. 사실 디자이너 이전의 꿈은 뮤지션이었다. 노래하는 것이 너무 좋았다. 내가 누군가의 목소리에 위로 받듯이 나의 목소리 또한 누군가에게 위로가 되고 싶었다. 그렇게 음악가의 길은 시작되었고 디자이너의 꿈은 주춤 하는 듯 했다.

대학 생활 2년 중 1년 6개월가량을 밴드 동아리에 할애하면서도 디자인이란 것을 포기 못하고 동아리 활동하는 내내 공연 포스터며 티켓이며 내가 디자인할 수 있던 모든 콘텐츠들을 내 손으로 직접 만들어볼 기회가 주어지면 무조건 손을 들고 직접 만들었다. 힘들었지만 너무 재미있고 보람 있는 일이었기에 너무나 즐겁게 일을 했던 것 같다. 돈이 들어오는 것도 아니고 누군가가 상을 주는 것도 아니었지만, 내가 원하는 어떤 것을 어떤 방식으로든 표현하고 그 속에 메시지를 담아내고 타인과 공감하는 일은 음악적으로나 디자인적으로나 나에게는 너무도 매력적이고 영향력 있는 일이였다.

이렇게 대학생활 내내 밴드생활과 디자인을 오고가면서 졸업을 하게 되었고 그 때의 나의 꿈은 당연하게도 음악 쪽으로 기울게 되었다. 사실 디자인이 재미없어졌다거나 그만두겠다는 생각은 해본 적이 없다. 언제라도 난 디자인을 할 수 있게끔 성장해 있고 싶은 마음이었기 때문에 졸업 후 S. J. A. : Music Engineering과를 들어가게 되었을 때도, 그 다음해 Composition과를 들어가서 공부하면서도, Music Studio에서 일을 하면서도 지인의 앨범 자켓이나 포스터, 명함, 로고, 상세페이지 등 가리지 않고 디자인을 할 수 있었다. 나 나름의 음악 외로 타인과의 또 다른 소통 방식이었는지도 모르겠다.

그리고 지금 책쓰기 성공학교의 디자이너를 맡고 있는 현재에도 그 마음은 변함이 없다. 누군가를 위해 그저 '예쁘고, 아름답게'가 아닌 거짓말 조금 보태서 작은 선 하나에도 스토리와 의미와 감성이 담겨 있는 그런 디자인을 하고 싶다. 감성팔이 디자이너라 스스로 별명을 붙인 것도 그런 부분에서 스스로 잊지 않기 위함이기도 하다.

처음 서상우 학장님의 부탁으로 '책쓰기 성공학교'를 알게 되고 시작은 작은 홍보물이었지만 함께 해보지 않겠냐는 학장님의 말씀에 학장님의 열정과 믿음이 느낄 수 있었다. 처음에는 이 끝없는 모험이 두렵기도 했다. 아니 부담스러웠다. 모든 것을 내 손으로 만들어야 한다는 그 압박감이야 말로 큰 두려움이었다. 솔직히 말해 난 학벌이 그렇게 좋은 것도, 경력이 화려하지도 않았기 때문에 스스로에게 많이 위축이 되어 있었다. 나이는 먹어가고 이렇다 할 경력도, 대단한 포트폴리오도 없기 때문에 어중간한 실력으로 민폐가 되지 않을까? 하는 이런저런 많은 생각이 들었다.

하지만 나 스스로 타인과의 소통과 공감에서 에너지를 얻듯 학장님의 글에서 굳은 의지와 믿음, 그리고 에너지를 느끼고 나의 노력과 학장님의 응원으로 지금까지 오게 되었다. 나의 작은 능력이 어디까지 도움이 될 진 모르겠지만 이번 기회를 통해 나 또한, 또 다른 도전이거니와 새로운 가능성과 나의 꿈에 도전해 볼 기회가 될 것 같다.

나에게 있어 타인과의 소통과 공감은 내 삶의 훌륭한 에너지가 된다고 확신한다. 그것이 슬픔이든 기쁨이든 누군가와 희노애락을 함께 나눌 수 있다면 감히 나는 평생 너무 행복한 사람이라 말할 수 있을 것 같다. 아직 그 인생을 겪어내고 있는 중이지만 30년 뒤가 되면 지금보다 난 더욱더 행복한 사람이 되어 있을 것이다.

나를 아는 누군가가 묻는다. 이제 음악은 하지 않느냐며, 늘 나에게 직업이 뭐냐고 묻는다. 그럴 때 마다 난 이렇게 대답한다.

"음악을 사랑하는 감성팔이 디자이너!"라고.

나의 사람, 나의 이야기

　초등학교 때 운동을 하다 일반 중학교로 입학하게 되었다. 여중에 들어가게 되었는데 처음에는 적응하기가 너무 힘들었다. 몇몇 초등학교 6학년 때 같은 반이었던 친구들도 있었지만 그렇게 친한 친구들은 아니었기 때문에 모든 사람과 환경들이 낯설기만 했다. 그러면서 접하게 된 것이 바로 음악이었다.

　그때 당시 사춘기 소녀들에게 있어 아이돌은 우상 그 자체였다. 나는 그때 모든 것이 느렸었다. 여자아이들 사이에서 서태지가 유행할 때 난 그 사람이 누군지도 몰랐고 관심도 없었다. 나중에 알게 되어서도 그의 음악은 너무 어렵고 난해하기만 했다. 그렇게 다른 친구들 보다 뒤늦게 음악을 듣기 시작했지만 굳이 아이돌 음악이 아닌 여러 장르를 즐겨 들었다. 워크맨으로 음악을 들을 때는 테이프가 늘어날 때까지 듣기도 했고, 너무 좋아했던 음반은 테이프를 두 개씩 사야 되는 경우도 종종 있었다. 부모님을 졸라 CD플레이어를 사게 되었을 땐 용돈의 여유가 되는

대로 레코드점으로 가 주인아주머니와 이야기를 나누며 CD를 사
모으기 시작했다.

음악을 듣는 것보다 노래하는 것이 더 좋아지게 된 건 고등학
교를 올라와서 부터였다. 그 무렵 학교에서 친해진 친구를 따라
게임을 시작하게 되었는데 친구의 길드 (게임 속 모임) 에서 활동
하게 되었고, 그러다 그 길드가 망하면서 나에게 새로운 기회가
생겼다. 내가 나서서 음악길드를 만든 것이었다. 다행히도 전에 있
던 길드 원 (게임 모임 사람들) 들이 나를 따라 내가 만든 길드에
들어와 주었고 덕분에 후에도 그 규모는 계속 더 커질 수 있었다.

그 당시 유행하던 윈엠프 방송(인터넷 라디오 방송)을 하면서
나름 길드사람들 사연도 읽어주고 신청곡도 틀어주면서 더욱 음
악을 사랑하게 되었다. 처음엔 내가 좋아서 듣기 시작한 음악을
타인과 공유하면서 비슷한 공감대를 유지 할 수 있다는 것이 내
겐 너무 신선하고 즐거운 경험이었다. 디자인 과였던 나는 밤새
음악을 들으며 과제며 공모전을 준비했고, 그 집중하는 시간이
내겐 너무 행복하고 즐거운 시간이었다.

자연스레 음악을 접하는 시간이 많아지고 또 부르길 좋아하게
되면서 혼자 노래방에 다니기 시작했다. 같은 노래를 수십 번 불
러도 부를 때마다 달라지는 부분들을 찾는 것이 좋았고 덕분에
노래실력은 자연스럽게 조금씩 늘어갔다. 그러다 고등학생 3학년
이 되어서 엄마에게 노래가 하고 싶다고 나의 진로를 말씀드렸지
만, 완강한 반대로 노래 다음으로 좋아했던 디자인으로 목표를

잡게 되었다.

디자인을 전공으로 대학 생활을 하면서 친구의 권유로 대학 밴드동아리 '보헤미안'에 들게 되었고, 동아리내의 유일한 여자 메인보컬이 되었다. 신기하게도 사람들은 나의 목소리를 매력 있는 목소리라고 말해주었고, 그 말에 더욱 힘이 났던 것 같다. 첫 공연의 그 느낌은 아직까지 잊혀 지지 않는다. 미숙하지만 온 열정을 다해 불렀던 노래 두 곡, 조명 아래 들리던 박수소리와 그 열기는 아직도 나를 뜨겁게 만든다. 그만큼 너무나 황홀한 경험이었다.

그렇게 대학생활의 반 이상을 노래와 기타를 치며 보냈다. 졸업을 하고 고민하던 나는 삼촌의 도움으로 엄마를 설득해 결국 서울 재즈 아카데미 Music Engineering과에 입학하게 되었다. Music Engineering은 음반제작 과정 중 가수의 목소리와 악기 녹음을 해서 Mixing 작업을 통해 최종 앨범을 만드는 것을 배우는 과정이다. 원래는 노래를 하고 싶었지만 부모님의 반대와 현실적인 문제들로 인해 조금 다른 선택을 하게 되었지만 후회는 절대 하지 않는다.

레코딩과의 시작은 너무 힘이 들었지만 같은 과 동기들의 도움으로 많이 배우고 많이 성장할 수 있었고 그 과정에서 나는 또 다른 꿈이 생기기 시작했다. 그저 노래를 하고 싶던 나의 꿈에서 이제는 누군가의 노래를 만들어 주고, 더 돋보일 수 있게 해주고픈 욕심이 생겼다. 바로 프로듀서라는 멋진 꿈이 생긴 것이었다.

하지만 그 이전에 나의 사람, 나의 이야기를 먼저 이뤄내고 싶다. 원래는 30살에 이루고 싶은 꿈이었지만 여러 가지 이유와 핑계들로 지금껏 이루어지지 않다. 하지만 40살이 되기 전에는 꼭 이루고 싶다. 지금은 어릴 적 동아리 생활을 할 때처럼 노래로 스타가 되고 싶다거나 대박나고 싶은 그런 욕심은 없다. 지금은 그저 소박하게나마 나의 사람들에게 나의 노래를 선물하고 싶은 마음이랄까?

난 음악으로 사람을 기억하고 추억하는 일이 많다. 직업병이라면 직업병일수도 있지만 누군가와의 추억을 음악에 빗대어 기억하는 습관이 생겼다. 내가 나의 사람들의 음악을 만들고 싶은 이유도 바로 이 때문이다. 누군가가 나를 떠올릴 때 나의 음악으로 떠올려 주었으면 하는 생각과 함께 말이다.

나에겐 고마운 사람도 많고 내가 참 좋아하는 사람도 많다. 내가 느끼는 그 사람들과 나에게 보낸 그 사람들의 고맙고 따뜻한 마음들을 음악에 담고 싶어 했던 건 내가 기타를 들고 노래를 할 수 있을 때부터 아직까지 변함없이 이어지고 있다.

지금은 아직 혼자 흥얼거리며 기타를 튕기고 완성한 곡이 몇 곡이 되지 않지만, 분명한 사실은 곧 이 꿈도 이루어 질 것이라는 것이다. 오랜 간직한 꿈은 반드시 이루어지는 법이니 말이다.

나의 사랑하는 가족, 친구들 모두에게 음악으로 기억되는 내가 되길 바란다!

온전한 나에게

나는 어릴 때부터 부모님과 여행을 갈 기회가 참 많았었다. 해외에도 나갈 기회가 많았는데 그 시간들이 늘 너무 아쉽기만 했다. 내가 보고 있던 그 장소, 그 시간, 그 느낌들을 되도록 영원히 기억하고 싶은 마음 때문인지 그때부터 사진이 참 좋았다. 어릴 적 익숙하지 않은 곳으로 여행가는 것이 즐거워질 때쯤 나만의 카메라가 갖고 싶었지만 살 엄두가 나지 않았고 너무 어리기도 했다. 그냥 집에 있던 자동 필름카메라를 가지고 열심히, 그저 열심히 찍기는 했지만 쓸 때 없는 사진 좀 찍지 말라던 엄마의 잔소리에 너무 속이 상해 그 이후로는 일회용 카메라를 애용하기 시작했다.

시간이 지나고 대학생이 된 후에야 용돈을 모아 중고 필름 카메라를 겨우 가질 수 있었는데 내 생애 첫 카메라는 모델명 Minolta XG7. 그래서 이름을 세븐이라고 짓기도 했다. 내 기억으로는 이 녀석으로 두 번의 여행을 함께 했던 것 같다. 여행 내

내 역시나 온전한 나의 시간과 나의 마음을 담고 담았다. 그렇게 해서 모두 필름 9롤을 정도 찍고 나니 카메라는 망가져버렸고 지금은 내 방 한구석을 장식해놓고 있다.

나는 사진이 좋아서 찍는 것이지 제대로 배워서 찍는 것은 아니다. 주변 친구들 중에서도 몇몇은 DSLR을 가지고 있어서 여기저기 출사를 좀 다니는데 그 친구들 따라 같이 출사를 가서 사진을 찍다가 친구의 카메라를 빌려서 찍어 보았지만 역시 나에게 DSLR은 어렵기만 했다. 좀 더 욕심을 내 배워보고 싶기도 했지만, 그 때 당시 DSLR이 폭발적인 붐을 일으키고 있었기 때문에 왠지 난 DSLR의 느낌 보다는 역시 필름카메라의 느낌이 좋았다. 어쩌면 그저 대세를 따르는 것이 싫어서였을지도 모르지만, 부담을 느끼면서 사진을 찍고 싶지 않기도 했었다.

실업계 고등학교의 디자인과에 다닌 나는 고등학교 때 처음으로 포토샵이란 프로그램을 배우게 되었다. 그 프로그램으로 내 카메라에 담은 일상을 나의 이야기로 기록하는데 쓸 수 있었다. 이런 취미 덕분에 고등학교나 대학교 과제에 사진이 필요할 때면 나는 내 사진을 과제로 낼 수도 있었다.

나는 일회용 카메라든 필름 카메라든, 폴라로이드 혹은 핸드폰 카메라라도 일상을 담을 수 있는 것이라면 뭐든 담고 또 담았다. 싸이월드가 한참 유행했을 적엔 싸이월드에 매일 사진을 함께 담았다. 짧은 일기도 함께 올리기도 하면서 더욱 사진에 대한 매력을 느끼게 된 것 같았다. 찍는 것, 찍히는 것 모두를 좋아했던 나는 의상디자인과 친구나 사진과 후배들의 사진모델도 했었다. 그 날의 어떠한 분위기를 위해 특별한 액세서리도 하고 화장도 하는 일이 너무나 재밌고 즐거웠다. 지금도 그 사진들을 볼 때면 아쉽고 아련하기만 하다. 지금도 종종 친구들과 나들이를 가거나 하게 되면 자연스레 카메라를 가지고 간다. 이 세상엔 아직도 나의 이야기를 담아줄 장면들이 많이 있을 테니 말이다.

난 평소 약속이 있을 때면 시간보다 일찍 길을 나서 근처 서점에서 책을 보며 기다리는 것을 좋아하는데 그럴 때면 자연스럽게 나처럼 사진과 글을 좋아하는 사람들의 책을 찾아보게 된다. 여행 에세이나 포토 에세이를 좋아하게 되면서 나만의 포토에세이를 갖는 꿈을 꾸기도 한다. 나의 이야기, 나의 사진으로 타인에게 위로가 될 수 있는 그런 책을 쓰는 것 말이다.

세상엔 나를 표현해내고 그것으로 타인에게 공감을 이끌어 낼 수 있는 방법이 무궁무진하게 많은 것 같다. 나에겐 내가 할 수 있는 것, 내가 좋아하는 것이 바로 그것이다. 다행인지 불행인지는 몰라도 어릴 때부터 좋아했던 사진과 작은 일러스트들, 그리고 나의 일상 몇 줄이 다른 사람이 보기엔 볼품없어 보일지 모르겠지만, 그 속의 소수의 누군가에게 힘이 되고, 응원이 될 수 있다면 그것만으로도 나에겐 아주아주 멋지고 행복한 일이 될 테니 말이다.

난 아직까지 손으로든, 개인 블로그에서든 일기를 쓰고 있다.

아주아주 많이 여러 곳에. 짧거나 혹은 길게라도 길이는 상관없이 꾸준히 쓰고 있다. 그 날의 느낌이라든가 기억나는 일, 또는 감사한 일 등 하루를 마감하면서 세상에서 제일 편안한 나만의 공간에서 내가 좋아하는 음악을 들으며 톡톡톡, 내 타자소리를 듣는 일, 내 만년필의 사각거리는 소리를 듣는 일만큼 행복한 일은 또 없을 것이다.

모두가 나의 이야기를 읽어주고 봐주지 않아도 내가 느낀 그곳, 그때의 시간을 느낄 수 있다면, 또 같이 생각해볼 수 있다면 좋겠다. 나의 이야기를 읽는 그 시간엔 그 누구라도 어김없이 내가 옆자리에 앉아 위로해줄 수 있는 나와 친구가 되어가는 시간이 될 테니 말이다.

이 꿈을 이루기 위한 여러 계획 중 한 가지는 당장 거창한 세계여행은 못가더라도 내가 여행했었던 곳 중에 꼭 다시 가고 싶은 곳이 있는데 그곳은 바로 뉴질랜드다. 고등학교 2학년 때 엄마와 단둘이 갔던 여행지였는데 내가 갔었던 그 어느 나라보다도 내 마음 깊숙이 스며든 곳이었다. 버스를 타고 4 ~ 5시간 이동하는 건 기본이었고, 목적지에 내려서는 잠깐 있다 또 다른 곳으로의 이동을 해야 했기 때문에 바로 버스를 타야 했지만 이동하는 시간 내내 창밖의 모습과 그때 들었던 음악들 모두 그 순간의 감동과 의미들은 이루 말할 수 없이 따스하고 행복했다. 여행이 끝나고도 꼭 다시 오리라 다짐했던 곳이었다. 단지 여행기를 쓰고 싶은 생각은 없다. 어디어디가 좋고 어디어디가 편하다. 이런 것이 아닌 좀 더 감성적이고 개인적인 이야기들을 담고 싶을 뿐이다.

요즘의 난 자연스레 그곳의 문화며 곳곳의 이야기들을 찾아보면서 상상하곤 한다. 그곳에 서있는 나의 모습을 그리면서 현재 그 곳으로 다시 떠날 그날의 계획을 세우고 있다. 당장은 아니더라도, 그 날이 몇 년 후가 될지라도 결혼 전 혹은 결혼 후가 될지도 모르지만 그 곳의 이야기를 나의 사진, 나의 이야기와 나의 사진으로 꼭 전하고 싶다. 그것이 온전히 나에게, 온전한 나에게 전해줄 수 있는 선물이자 또 하나의 성공이라 그리 여긴다.

④

나를 사랑하기

"스스로를 얼마나 사랑하십니까?"

이 질문에 난 제대로 답할 수 없었다. 글을 쓰고 있는 지금도 조금은 망설여진다. 겉으로 나란 사람은 참 활발하고 에너지 넘치는 사람이다. 관심 분야도 많고 사람들과 섞이기도 좋아하며, 새로운 것에 대한 호기심도 많고 늘 새로운 것들을 경험하고 싶어 하기 때문에 사람들은 늘 나를 밝은 사람으로 기억하곤 한다.

하지만 나 스스로 생각하는 나는 늘 그렇게 활발하지도 않고 에너지 넘치지도 않으며 그리 밝은 사람도 아니다. 그렇다고 사람을 대할 때만 애써 밝은 척 하는 것은 아니다. 그저 스스로에 대한 자신감이 없을 뿐이다. 누군가가 그랬다. "그건 너의 자존감의 문제다."라고.

난 어릴 적 혼자 지내는 일이 많았다. 맞벌이하는 가정에서 자란 나는 형제도 없었고 어릴 때부터 친척집에서 생활하는 시간이 많았다. 그런 생활에 큰 불만은 없었지만 외로움을 느끼기엔 충분했다. 그렇게 사춘기를 맞게 되고 혼자 보내는 시간은 여전히 많았다. 누구 하나 나의 이야기를 들어주는 사람이 없었다. 그렇게 지내다보니 그런 외로운 마음을 나와 있을 때만큼은 누구에게도 느끼게 하고 싶지는 않았다. 그렇게 상대방을 의식하기 시작하게 되었고 그렇게 사람 관계에 있어서 나보다는 타인을 배려하는 일들이 자연스럽게 많아져 갔다.

그러다보니 어느새 나 스스로도 그게 더 편한 상태가 되어버렸고, 사람 관계에 있어 '나'란 존재는 점차 없어져 가는 듯 했다. 스스로 내세울 것이 없다고만 생각했고 나름의 배려에 배려를 더 하다보니 언제나 '나'보다는 '너'에 중점이 맞춰지기 시작했던 것 같다. 이 때문에 여러모로 상처받는 일도 생기기 시작했다. 천성이 남에게 퍼주는걸 좋아하기도 했기에 남 좋은 일은 다 하고 다녔다.

중학교 때에 있었던 일이다. 초등학교 때부터 함께 다니던 남자아이가 있었는데 같이 운동을 했던 친구라 뭐든 함께 했다. 중학생이 돼서도 그 친구와 함께 어울려 다녔는데 그는 친구들을 만날 때면 항상 나를 불러주었다. 자주 같이 어울려 다니기도 하고 떡볶이도 먹고 커피도 마시곤 했다. 그리고 왠지 그럴 때마다 계산은 내가 하곤 했다. 그때까지만 하더라도 '친구끼리 뭐 돈 있는 사람이 내면 되지'라고 생각했지만 그 생각은 곧 크게 후회하게 되는 일 중 하나가 되어버렸다.

　그 때 당시의 나는 친구에게 쓰는 돈은 하나도 아깝지 않다고 생각했다. 꼭 지금이 아니어도 나중에 내가 돈이 없을 때 내주겠지 라고 생각했으니 말이다. 그런데 하루는 또 다른 친구 녀석이 나에게 와서 앞으로 절대 그러지 말라고 충고를 해줬다. 왜 그런 말을 하냐고 되묻기도 했지만 솔직하게 이야기해주진 않았다. 지금 생각해보면 그 친구와의 관계를 존중해줬던 것 같다.

　하지만 그런 충고에도 불구하고 우리는 고등학생이 될 때까지 계속 친구로 지내고 있었다. 그리고 사건이 터졌던 그 날도 여느 날처럼 난 집에 돌아가는 길에 그 친구에게 연락을 했고, 그 친구와 아무렇지 않게 통화를 하고 전화를 끊었다. 하지만 몇 분 뒤, 나의 핸드폰으로 문자 한 통이 왔고 그 문자를 받고 난 황당함을 감추지 못했다. 그 친구의 여자 친구에게서 문자가 온 것이었다. 더 이상 자기 남자친구와 연락하지 말아달라는 내용의 문자였다.

　사건은 이렇게 시작되었다. 내가 집에 돌아가는 길에 그 친구와 통화를 하고 난 직후, 그 친구는 자신의 여자 친구와 엄청나게 다투었다고 한다. 결국 그 친구에게서 나에게 더 이상 연락을 하지 말자고 했다. 그 전화를 받고나서 망치로 뒤통수를 한 대 맞은 것 같은 느낌을 받았다. 그 날의 느낌은 아직까지도 생생하다.

　그 날의 사건으로 곁에 있던 사람들을 모두 의심하며 바라보게 되었다. 갑자기 사람들 모두가 미워지기도 했다. 나름 달라지려 노력도 많이 해봤지만 모든 것이 쉽게 바뀌진 않았다. 이미 나의 인간관계는 그런 구조로 엮어져 있었기 때문일까? 그렇게 점점 더 난 혼자 아닌 혼자가 되어버렸다. 그런 혼돈 속에서 나는 점차 스스로가 미워져갔다. 그 이후 난 나 자신보다 타인을 더 사랑하고 있던 자신을 알게 되었고, 어떠한 이유에서도 그런 식의 관계는 오래가지 못한다는 것을 깨닫게 되었다.

하지만 현실과 머릿속은 너무도 달랐다. 나 스스로를 아무리 좋아하려해도 잘 되지 않았다. 무언가 할 수 있을 것 같지 않았다. 더 이상 나를 필요로 하는 곳은 없는 것 같았다. 내가 할 수 있는 일은 그저 아주 작고도 당연한 일로 여겨졌다. 그렇게 머리로는 알지만 아무것도 바꿀 수 없었다.

그 누구도 나를 사랑하라고 말해주지 않았다. 방법도 알려주지 않았다. 스스로도 행복하게 살고 싶었다. 나 스스로에게도 한계를 느꼈을 땐 돌파구를 찾으려 했다. 일단 내가 할 수 있는 일을 찾았다. 무언가를 해야 했다. 무언가를 해야만 했다. 그렇게라도 내가 살아있단 걸 받아들이고 싶은 마음이었다. 남들보다 조금이라도 더 잘할 수 있는 것을 찾다보니 내가 좋아하는 일을 하는 것이었고 그렇게 조금씩 운동을 하고, 글을 쓰고, 노래를 부르고, 사진을 찍으며 남이 좋아하는 일이 아닌 온전히 나 스스로가 좋아하는 일을 하기 시작한 것이다.

이걸 계기로 조금씩 새로운 경험에 대해 경계심을 풀고 계속해서 무언가를 경험하고 느끼는 것을 좋아하게 된 것 같다. 어느새 난 대학생이 되었고 친구의 초대로 대학밴드에서 보컬을 맡게 되어 무대에 올랐을 때의 그 감동은 정말 말로 표현할 수 없을 정도로 황홀했다. 어릴 때부터 무대에 오르는 것이 꿈이었던 나는 나와 함께 호흡하는 사람들과 나와 함께 노래하는 사람들, 그리고 함께 박수치는 사람들까지. 작은 무대였지만 그 많은 사람들과 하나가 되어 노래하고 즐거워할 수 있는 무대를 경험하고 나니 난 더 스스로를 더 사랑할 수 있게 되었다.

그리고 어쩌면 누군가에게 온전히 받아들여지고 나서야 나 스스로를 좋아하게 될지도 모른다는 생각이 들었다. 스스로 한계에 부딪히고 좌절하고 주저앉아 있을 때, 혼자라고 느낄 때에도 분명 내 옆에는 나를 지켜봐주는 이들이 있다. 지금 이 책을 읽고 있는 누군가에게도 마찬가지로 말이다. 돌아보면 분명 누군가는 항상 나를 지켜봐주고 있는 사람이 있다. 언제나 누구도 혼자는 아닌 것이다.

나에게 있어 나를 사랑하는 법이란 혼자 열심히 달리기를 끝낸 뒤 잠깐 멈춰 서서 나의 주위에 있는 사람들과 함께하는 시간을 갖는 것, 스스로의 열정과 노력을 인정받는 시간을 갖는 것. 그리고 나를 위해 하고 싶은 일에 한 번쯤은 도전하는 것이라 생각한다. 본인 스스로 저마다 자신을 사랑하는 방법이 다 다르겠지만, 그래서 어떤 것이 맞고 틀리고는 딱히 없겠지만 중요한 것은 자신에게 맞는 스스로를 사랑하는 방법을 찾아야 한다는 것. 그저 남에게 보여주기 식의 배움이나 사치들은 모두 부질없다는 것만 기억하면 된다. 한낱 과시와는 비교할 수 없을 정도로 황홀함을 맛보게 될 테니 말이다.

난 아직 스스로에게 자존감이 낮다고 생각한다. 어릴 적보다 상처에 둔감해져가는 방법도 터득해 가고 있긴 하지만 아직도 기나긴 '나를 사랑하는 방법 찾기'의 여정은 끝나지 않았다. 하지만 지금은 나 스스로 어떤 매력을 더 갖고 있을지 많은 생각을 해본다. 그리고 역시나 오늘 하루를 마감하면서 잠자리에 들기 전 언제나 나에게 이렇게 묻는다.

"오늘 하루, 나 스스로를 얼마나 사랑했나요?"라고.

김화선
자기계발 작가 겸 육아의 달인

결혼을 하고 낳은 두 딸이 너무 사랑스러워 다니던 은행을 그만두고 육아에 대해 공부하고 육아에 관한 일을 한지 10여년이 되었다. 지금까지도 육아에 대한 코칭과 도움이 필요한 곳이라면 어디든 달려갈 만큼 열정적인 삶을 살아가고 있다.

또한, 사람은 언제나 책과 함께 살아가야 한다며 하루도 빼먹지 않고 독서를 즐기는 독서광이기도 하다. 사람은 죽을 때까지도 꿈을 꿔야 한다는 말로 많은 사람들에게 멘토가 되어주고 있다.

blacksky129@hanmail.net

CHAPTER 9

김화선,
그래서 성공이다

나는 행복한 사람이다

나는 지극히 평범한 두 딸을 가진 엄마다. 큰 딸은 32세, 작은 딸은 29세, 남편은 65세, 나는 62세. 결혼 35년차. 개인적인 사업으로 성공한 부부도 아닌 오직 30여년을 줄곧 열심히 내 노력과 힘으로 직장 생활 하면서 어렵게 두 딸을 키웠고 공부시켰다.

지나온 발자취를 돌아보면 특별히 휘황찬란한 사건도 없었고, 생활 형편이 그리 풍요롭지는 못해 넉넉하지는 못했어도 오붓한 네 식구가 참 따뜻하고 화목한 가정이라는 보금자리에서 서로가 서로를 아끼고 사랑하고 의지하면서 행복하게 살아왔다. 결혼 35년차인 오늘까지도 결혼에 대한 후회나 내 삶이 불행했다고 느껴본 적은 단 한 번도 없었던 것으로 기억되니 말이다.

늘 사랑하는 두 딸 덕분에 행복했고, 기쁘고 웃을 때가 많았다. 30여년 직장생활을 히면서 한 결 같이 퇴근시간만 되면 두 딸을 만나볼 생각에 항상 맘이 설렜고, 나 혼자만 안식처가 있는 듯 길에 오가는 사람들을 쳐다보며 "저 사람은 집에서 기다려

주는 사람이 있을까? 나처럼 딸 둘이 있어서 행복할까?"하며 바보처럼 홀로 웃으며 어깨를 으쓱할 때도 많았다.

남편은 6남매 중 맏이였는데 늘 배려심이 많았고, 항상 나와 딸들을 먼저 챙겨주는 가정적인 남편이었다. 결혼 35년차인 이 날 이때까지 좋은 음식은 단 한 번도 먼저 챙긴 적이 없는 남편이니 말이다. 생선을 구워도 가운데 부분은 모두 세 식구의 것, 돼지고기든, 소고기든, 닭고기든 모든 좋은 부위는 다 두 딸과 내 몫이었다. 이런 습관들이 평생 습관이 되어 이젠 고칠 수도 없다. 가끔 우스갯소리로 "내가 먼저 저 세상에 가면 다른 여자한테는 그런 습관을 하지 말라"는 말을 하기도 한다.

이런 습관, 이런 마음이 내 마음을 편하고 행복하게 하는 것의 전부는 아니다. 때때로 아내나 자식들이 당신을 존중하고 대접할 때는 상대방의 것도 받아줄 수 있으면 좋겠다. 그래야 서로가 편하고 기쁘게 베푼 것으로, 그 베품을 받음으로써 더 행복하고 더 큰 사랑을 느낄 수 있을 것이니 말이다.

기억이 아물거리는 30여 년 전쯤의 일이다. 남편은 지질탐사원이였기에 늘 출장이 잦았다. 그 때문에선지 우리는 5년 만에 겨우 꿈에도 그리던 큰 딸을 낳았다. 그 때의 기쁨은 그 무엇으로도 표현이 안 된다. 한마디로 보배 그 자체였다.

우리는 주말부부도 아닌 월말 부부라고 하는 게 맞았다. 남편은 사랑하는 가족을 만나기 위해 그 어떤 피곤함도 가리지 않고 야밤에도 집에 오곤 했는데 고작 하루, 이틀 가족과 함께 있으려고 그 고생을 하는 것이었다. 다시 출장을 가야할 때엔 우리 두 모녀를 위해 토종닭을 직접 삶아놓고 갈 때도 있었다.

남편은 우리 모녀를 사랑해서 그런 것이었지만 우리의 사랑은 식구 다 같이 행복하게 먹는 것이었기에 목이 메어 맘 편히 먹을 수는 없었다. 남편은 내가 그랬단 것을 알고는 있으려나 모르겠다. 이렇게 아기자기하게 지낸지 3년 만에 우리는 또 귀하디귀한 인형 같은 둘째 딸을 낳았다.

두 딸은 귀엽고 건강하게, 또 씩씩하게 자라주었다. 큰 딸은 수학을 잘 하는 편이었다. 교내에서 수학을 잘하는 학생들을 위해 진행하는 수학 서클에도 늘 참가하였고, 어렸을 때부터 야무진 솜씨가 있었는데 인형을 가지고 놀기 시작하면 머리 스타일부터 패션까지 수십 가지로 바꿔가면서 가위를 가지고 머리를 자르고 옷을 만들고 머리를 묶었다 풀었다하며 치마며 바지며 짧은 바지, 긴 바지 셀 수 없이 모양을 바꿔가면서 잘도 갖고 놀며 행복해했다. 키는 좀 작은 편이었지만 리더십이 강해서 늘 반장을 도맡아 하고 학생들을 잘 이끌어 나가는 활약적인 아이였다. 학교에서 진행하는 정상수업 외에 다른 과외를 하지 않아도 늘 성적은 상위권에 있었다. 어렸을 때부터 아주 신기할 정도로 창의력과 순발력, 디자인 감각으로 식구들을 잘 웃게 하고 기쁘게 하더니 그게 기반이 되었는지 지금은 미국에서 4년째 디자인 공부를 하고 있다.

작은 딸은 어려서부터 다방면으로 관심이 많은 아이였다. 특히 글짓기와 국어를 잘 했는데 작은 딸 때문에 학교에 몇 번 불려 간 적도 있었다. 한 번은 조바심에 서둘러 학교를 찾아가 담임선생님을 찾아 뵀더니 "왜 학생의 숙제를 부모님이 대신 해주십니까?"라고 한 적도 있었다. 어린 아이가 쓴 글이라고 하기엔 믿기지 않을 정도로 능숙해서 부모님이 써줬다고 믿었기 때문이었다. 수학 선생님, 국어 선생님 등등 여러 선생님들의 호출을 받을 때마다 난 학교에 가서 사과를 하고 왔다.

"죄송합니다, 선생님. 자식이 알아서 공부할 줄 알고 엄마로서 무관심 했습니다. 공부를 어떻게 잘 안했기에 부모가 대신했다는 말까지 하시는지 모르겠지만, 그런 일은 없었습니다. 또한 대신해준다 하더라도 아이가 그걸 원치 않을 겁니다."

결국은 선생님 면전에서 직접 다시 한 번 숙제를 써보는 것으로 증명을 해보이고 나서야 선생님께서는 미안함을 금치 못하고 놀랍고 대견한 눈길로 딸을 쳐다보며 칭찬해주시곤 하셨다. 전국 초등학생 글짓기 대회에서도 동상을 받았고, 교육 분야의 잡지에 작은 딸이 쓴 글들이 실리기도 했다. 어려서부터 남들보다 언어영역이 비교적 발달했고, 서예와 만화 그리기에도 재능이 돋보였다. 아이의 장점을 살리기 위해 영어, 서예교실, 만화그리기 등의 공부를 시켰는데 십여 년이 지난 오늘 생각해봐도 참 잘한 일인 것 같다. 지금도 잘 활용하고 있으니 말이다.

작은 딸은 늘 학기마다 우수학생 상, 글짓기우수 상, 서예 상 등등 받아온 상들이 수두룩하다. 작은 딸 덕분에 나도 우수가

장으로 선발되어 오리털이불을 선물로 받은 적도 있다. 작은 딸은 스무 살을 갓 넘기고는 일본으로 유학을 갔었는데 동기들 중에서도 최단 기간 일본어능력자격시험 1급자격증을 취득하면서 주목을 받았다. 지금은 어느덧 사랑하는 사람을 만나 결혼을 하고 귀여운 딸아이를 가진 엄마로서 4개 국어를 구사하는 실력 있고 존경받는 중국어 강사로 활약 중이다. 참 기특하고 사랑스러운 딸이다.

어쩌면 이 책을 읽으면서 지금까지의 내 얘기가 지겹고 실증을 느낄 수도 있으리라 생각한다. 너무나도 평범한 일상을 장편소설로 늘여놓고 있으니 말이다. 그러나 내가 말하고 싶은 것은 우리의 삶에 있어서 행복과 불행은 생각의 차이라는 것이다. 어떤 사람은 갑자기 로또에 당첨 되었다거나 크게 사업에 성공했다거나 큰 집을 샀다거나 부모님에게서 거액의 재산을 물려받은 것을 행복의 기준으로 한다면, 위에서 말한 나의 모든 것은 정말 보잘 것 없고 하찮은 것을 행복이라 생각하며 살고 있다고 말할 수도 있다.

하지만 아주 작은 집안의 일상이 모이고 모이면 작은 눈덩이를 굴려 큰 눈동이가 되듯이 큰 행복으로 이어질 수도 있는 것이니 모든 것을 감사함으로 행복이라 믿고 행복하게 생각하면 행복해질 있는 것이다. 지금 이 책을 읽는 누군가는 사업에 성공하지 못했다고, 혹은 월세 방에 산다고 기죽거나 비관하지 않기를 바란다.

수백 평의 고층아파트에 사는 사람도 나름대로 고민이 있고, 머리 아픈 일이 있다. 감사함을 모르고 살면 그것보다 더 큰 불행도 없다. 초가삼가 흙집에서 빵 한쪽을 나눠 먹으면서도 기적은 매 순간 일어나고 있다. 편히 누워서 잠을 잘 수 있고, 볼 수 있는 눈을 가지고 있고, 들을 수 있는 귀와 걸을 수 있는 다리가 있다면 그 자체만으로도 감사하고 행복하다고 생각하면 절로 웃음이 나오게 된다. 그리고 그렇게 살다보면 어느새 당신도 행복한 사람이 되어있다. 세상에 행복하지 않아야 할 사람은 어디에도 없다. 나도 당신도 행복한 사람인 것이다.

❷

인생에 리허설은 없다

잡고 싶어도 잡을 수 없는 것이 시간이고, 먹기 싫어도 반드시 먹을 수밖에 없는 것이 나이인가보다. 어느 누구를 막론하고 딸을 가진 엄마라면 언젠가는 꼭 '장모님', '외할머니'이 두 단어를 불가피하게 꼭 들어야 할 때가 오기 마련이다. 그런데 왠지 아직도 나는 '장모님', '외할머니'이란 말이 그렇게 잘 어울리지 않고, 낯설고 어색하게만 느껴진다.

초등학교 다니던 때가 엊그제 같고 하교 종소리가 울리면 밖에 뛰쳐나가 모래장난 하던 때가 바로 어제 같은데…. 내가 어릴 때만 해도 아이들은 많고 학교는 부족하여 오전, 오후 수업으로 나누어 공부하던 시절이었다. 시계가 없어 앞집 굴뚝 그림자가 우리 집 종이창문에 비칠 때가 학교 갈 시간이었던 그 시절, 오전에 강가에 목욕하러 갔다 조약돌 쌓기를 하며 시간가는 줄 모르고 놀다가 학교 가는 시간을 다 놓쳐버리고 엄마한테 혼나던 때가 엊그제 일 같은데 벌써 내 나이가 60을 넘어서고 있다니…. 지금도 만날 아이들처럼 장난기가 발동해서 까불고 웃고 떠들고, 아이들이 하는 건 무엇이든 따라하고 배우고 싶고 놀고 싶어서 아이들이 하는 행동마저 따라하고 흉내를 내다가 "썰렁 개그"라고 놀림 받을 때가 부지부수다.

언젠가 한번은 두 딸이 너무도 재미있게 침대에서 뒹굴며 얘기하며 놀고 있기에 그 가운데 나도 좀 같이 놀고 싶어서 같이 껴 달라고 했더니 큰 딸은 내 머리를 들고 작은 딸은 다리를 들어 다른 방에 옮겨놓고 혼자 놀라고 장난치며 방문을 잠궈 버린 적도 있다. 딸 친구들한테 전화가 오면 내가 먼저 받아서는 한참 웃고 떠들다가 애들한테 전화기를 넘겨주기도 했다. 아이들 친구하고도 학부모들과도 선생님들과도 아주 소통이 잘 되었고, 쿨하고 젊은 엄마라고 모두가 나를 좋아해주었다. 지금도 여전히 개그본능을 감추지 못해 눈 내리는 날이면 밖으로 나가 눈싸움을 하며, 차가운 눈을 등에 집어넣고 손녀와 사위한테도 머리와 온 몸에 눈을 던지고 발로 차고, 서로 붙잡아가며 아이들처럼 장난치는 걸 좋아한다. 남편은 이런 나의 모습이 어이가 없는지 입을 떡 벌린 채 식구들의 놀고 있는 모습을 촬영하고 계신다.

이렇게 장난기로 꽉 찬 내가 어느 순간 '장모님', '외할머니'가 되어 있었다. 생각하면 꿈같기도 하고 기가 막히고 코가 막힐 지경이다. 눈 깜빡할 사이에 지나가버린 시간 때문에 말이다. 그나마 다행이라 생각되는 것은 내가 시부모가 아닌 장모라는 것이다. 아마 신께서는 내가 시어머니란 그 이름에 어울리지 않고, 감당조차 할 수 없을 거란 걸 미리 아시고 아들을 주시지 않으셨겠지 라는 생각에 늘 감사하며 산다.

솔직히 나는 시부모 역할을 잘할 것 같지 않다. 나를 늘 깨우치게 하는 나의 작은 딸 시부모님은 나의 가장 훌륭한 모델들이시다. 딸 시어머님은 결혼 한지 4년이 되는 지금까지 한결 같이 해마다 김장철이면 김장을 해서 보내주신다. 수시로 밑반찬을 해서 보내주시며 며느리, 손녀들 생일 한 번 안 챙겨 주신 적이 없다. 심지어 음식을 보내주실 때면 먹기 편하도록 손수 통에 담아서 바로 먹을 수 있게 보내주신다. 멀리 지방에 계심에도 불구하고 손녀가 그립고 보고 싶어서 비행기를 타고 오시기도 할 정도로 열정적이기도 하시다. 만났다 헤어질 때면 그야말로 이산가족의 이별을 방불케 하여 차마 눈물 없이는 그 광경을 볼 수가 없을 지경이다.

시아버님께서는 토끼 같은 손녀를 위해서 황금 같은 연차를 내어 손녀의 운동회에도 참석하신다. 시어머님께서는 삶의 전부가 손녀들일 만큼 손녀들 그 자체가 행복이고 낙이신 분이다. 턱없이 부족한 며느리임에도 모든 것을 너그러이 감싸주시고 포용해주시면서 무엇이든 아낌없이 며느리들과 손녀들을 위해 헌신하신다.

며느리가 만삭이 되어 출산 날이 가까워 오자 시어머님께서는 시댁에 데리고 가셔서 산후조리까지 도맡아 해주셨다. 현시대에 시어머니가 며느리 산후조리까지 직접 해주시는 분이 어디 계시는

가? 며느리 출산 직전 팔목 인대수술을 하여 회복하지도 못한 상태였음에도 불구하고 말이다. 그 고마움은 한 입으로 다 표현할 수가 없을 정도다. 그런데 가끔 가다 어떤 사람들은 산후조리 하러 시댁에 간 며느리를 오히려 대견하게 바라보고 칭찬하는 사람들도 있다고 한다. 고생은 시부모님들이 하셨는데 출산하러 간 며느리가 예쁘고 대견하다고 하니 이건 세월이 아무리 예전과 다르고 많이 바뀌었다고 할지라도 거꾸로 되는 시비가 아니겠는가!

작은 딸은 내가 결혼하고 워낙 오랜만에 가진 자식이라 귀엽고 예쁘게만 키우다보니 철도 없었고, 손끝에 물 한 방울 묻혀본 적이 없어서 집안일이 무엇인지 전혀 모르는 딸아이인데도 시부모님들은 그냥 무조건 감싸주시고 뭐든지 문제 삼지 않으시며 예쁘고 대견하게 봐주신다. 늘 하시는 말씀이 "착하고 똑똑하고 복 많은 복덩어리가 우리 집안에 들어와서 모든 일이 다 잘 되고 만사가 형통하다"고 칭찬을 아끼지 않으신다.

시부모님들 덕분에 새롭게 만난 모든 시댁식구들한테도 온갖 사랑을 받고 예쁨을 받으면서 그렇게 보살핌을 받아온 덕분인지 이젠 조금이나마 철이 들기 시작한 것 같다. 사랑하는 딸아이를 낳고 키우면서 시부모님 마음도 조금이나마 이해하는 것인지 딸아이도 참 야무지게 키우며 열심히 엄마로서 살아가고 있다. 생각할수록 딸 시부모님한테 너무나도 감사하고 고맙고 또 고맙고 감사할 따름이다.

나는 오늘 이 글을 빌어 진심으로 정중하게 머리 숙여 딸의 시어머님과 시아버님 두 분께 감사의 인사를 전하고 싶다. 언제나 사랑으로 다가와 주시고, 물심양면으로 아낌없이 도와주신 덕분에 딸 내외가 끝내는 모든 것을 견뎌내고 떳떳하게 이 순간까지 버텨낼 수 있었고, 웃을 수 있도록 뒷심이 되어주신 고마움을 말이다. 나는 마음속 깊은 곳으로부터 진심으로 감사하고, 사랑하는 두 분께 오래도록 건강하셔서 지금처럼 늘 자식들의 버팀목이 되어주시길 기도한다. 이제부터는 그저 날마다 애들이 잘 되기만을 바라시는 기도의 밑거름이 되어주시면서 복 많은 집안에 이제부터는 내내 좋은 일들이 가득하고 웃음가득한 일들과 기쁜 일들이 가득 넘치는 만사형통하심만 기대하시길 바란다.

독자 여러분도 우리의 삶에 리허설이 없는 만큼 매순간 순간 아름다운 추억으로 우리의 인생을 준비한다면 그것 또한 성공이고 행복이라 믿을 수 있지 아니한가! "그래도 성공이다"의 이초연 작가님의 글에 보면 '희망이 없어 보이는 시간에도 희망은 온다. 더 이상의 길이 없어 보이는 길에도 나아갈 일은 있다.' 라는 말이 있듯이 우리의 삶이란 시간에도 언제나 희망은 오며, 길은 있다. 무슨 일에도 언제나 이 말을 믿으며 앞으로, 또 앞으로 나아가자!

나에게 친구같이
소중하고 사랑스런 존재

세상 모든 엄마의 자식에 대한 모성애는 똑같을 것이다. 남부럽지 않게 먹이고 입히고 공부시키는 것. 행복하게 잘 자라서 많은 사람들의 존경과 사랑을 받으면서 보란 듯이 살아가는 모습을 엄마라면 누구나 보고 싶을 것이다.

중학교를 다닐 때에도 사랑하는 딸들에게 우유 한 팩 먹이려고 우유 한 팩 가격보다 더 나가는 교통비를 들여가면서 학교까지 찾아가 우유를 먹이고 오곤 했다. 고등학교를 다닐 때에도 아침밥을 조금만 먹고 가면 마음이 놓이질 않아 가방을 메고 신발을 신고 문을 나서는 딸들에게 밥 한 숟가락이라도 더 먹이려고 무진장 애를 썼다. 밥을 먹고 우유라도 마시고 학교에 가는 날엔 내가 밥을 안 먹어도 그렇게 기분이 좋고 배가 부른 것 같아 행복했다.

내겐 딸들이 이처럼 내 삶의 전부였고, 생각만 해도 행복한 행복 그 자체였다. 그런데 어느 날 내겐 전부와도 같은 딸이 생각

도 하지 못했던 남자친구를 데리고 왔다고 생각을 해보라. 그야
말로 당황스럽고 청천벽력 같은 일이 아닐 수가 없었다.

2010년, 어느 늦은 여름날이었다. 일본에서 유학공부를 하고
있던 작은 딸이 방학을 해서 한국에 놀러오겠다고 했다. 그토록
그립고 보고 싶었던 딸을 만난다는 생각에 걷잡을 수없는 설렘과
기쁜 마음에 딸이 오기로 한 날만 목이 빠져라 기다리고 있었다.

그리고 드디어 딸이 한국에 오기로 한 날이 되었고, 나는 딸
과 만나기로 한 지하철역까지 한숨에 달려 나갔다. 지하철역으
로 나가자 그토록 기다렸던 딸의 모습이 보였고, 나는 기쁜 마
음으로 딸에게로 향했다. 그런데 딸은 혼자가 아니었다. 처음
보는 어떤 남자아이와 함께 서 있는 것이었다. 내가 딸에게 다
가가자 그 아이는 깍듯하게 "안녕하세요!"라는 인사만 하고는
돌아가 버렸다.

'설마 딸아이의 남자친구는 아니겠지…?! 아닐 거야…. 그럴
리가 없어.'

억지로 눈앞의 상황을 외면하고 부인하려 애쓰는 그 순간 머
릿속에는 수십 가지의 생각이 맴돌면서 마음이 착잡해졌다. 작은
딸은 언니랑 세 살 차이다보니 언니가 고등학교 다닐 때 언니네
반 남자아이들이 귀엽고 애교가 많은 작은 딸에게 관심을 많이
가졌었다. 어떤 남자아이들은 일부러 작은 딸이랑 통화하고 싶어
서 딱히 볼일이 없으면서도 집으로 전화하기도 했다.

하지만 워낙 야무지고 똑 부러져서 웬만한 사람과는 말 섞

는 것조차 싫어하는 아이였다. 더욱이 남자로 본 아이는 단 한 명도 없었다. 딸아이를 일방적으로 짝사랑만 하다가 기진맥진하고 눈물 흘린 애들도 꽤 있었다고 한다. (훗날 큰 딸에게 들은 이야기다.)

그런데 그 날 지하철역에서 내가 만난 남자아이는 정말 말이 안 되는 아이였다. 체구도 작고 키, 인물 모두가 딸아이가 맘에 들어 할 스타일의 아이는 아니었기 때문이었다. 다음 날 딸아이에게 물어보았다. 어떤 친구인지 말이다. 딸은 그냥 사귀기 시작한 아이이고 그렇게 죽고 사는 사이는 아니라고 했다. 엄마가 허락하지 않으면 포기 할 수 있는 그런 사이라고 했다.

하지만 무엇을 하던 확실한 딸아이였기에 그저 회피 할 수 있는 일은 아니었다. 중요한 것은 남자아이의 어떤 부분이 관심을 끌었는지 물었더니 키 작은 것만 빼면 여러모로 괜찮은 친구이며, 같은 또래 아이들에 비하면 생각이 깊은 아이라고 했다. 가장 민감한 문제인 가정배경 같은 것은 묻지도 않았다고 한다. 부모님은 뭐하시는 분이고 가정형편은 어떠한지, 안정적인 직장은 갖고 있고 경제적인 능력이나 앞으로 능히 모든 것을 감당하고 살아갈 수 있는지 없는지 등의 문제에 대해서는 전혀 불문명한 상태였다. 엄마인 나로서도 그 민감한 문제에 대해서 똑 부러지게 물어보지도 않았었다. 왠지 사람을 돈으로만 취급하고 딸을 상품으로 여기기라도 하는 것 같아서였다.

며칠 뒤, 딸은 방학을 마치고 일본으로 돌아갔고 난 매 주말마다 그 남자아이를 만나곤 했다. 인연이 되려고 그랬던지 한 번 보고, 두 번 보고 나면 또 만나고 싶어졌다. 얘기를 나눠 볼수록 딸아이가 말하던 '생각이 깊은 아이'라는 말이 자꾸 떠올랐다. 왜소한 체구보다는 조리정연하게 당찬 목소리로 얘기를 하는 모습을 보고 있으면 큰 그릇이 될 가능성이 있어보였고 또한 그런 잠재력이 있는 아이 같아 보였다.

어떻게 생각해보면 나도 참 이상한 인간인 것 같다. 사람들의 목소리를 중요하게 생각을 한다. 손범수 아나운서나 배우 이선균 씨, 방송인 김태균 등등 사람들의 목소리를 들을 때마다 감탄이 절로 나며 그들의 목소리를 흠상하곤 한다. 특히 손범수 아나운서의 목소리는 신이 내려주신 축복이라고 생각할 정도이다. 사람의 목소리는 그 사람의 품위와 인격을 나타낸다는 생각을 하면서 목소리에 끌리는 경우가 많다.

그런데 이 남자아이를 보면서 외적인 모습은 비록 왜소하고 작아서 멋진 모습은 아니었음에도 불구하고 야무진 목소리나 성향은 맘에 들었다. 만나서 얘기를 나눌 때마다 책 읽기를 좋아하고 책 관심분야도 분명했다. 내가 좋아하는 책을 선물로 받기도 했고 나 또한 얘기를 통해 그 아이가 좋아하는 장르의 책을 선물해주기도 했다. 지금 와서 생각해보면 그 아이가 책 읽기를 좋아하고 목소리 또한 나의 맘에 들었던 것이 내 딸과의 결혼을 허락하게 된 계기 중 일부라고 해도 과언이 아니다.

그렇게 시간이 지나면서 갖은 미사여구를 늘어놓는 바람에 결국 내 눈에도 콩깍지가 씌고 말았고 결혼까지 허락하게 되었다. 그러나 딸아이의 결혼 후 생활은 결코 평탄하지만은 않았다. 사위는 다니던 직장을 그만두고 사업을 벌였다. 나름대로 최선을 다하고 열심히 했다. 하지만 세상일이 그렇게 생각대로 쉽게 진행될 리 없었다. 신께서는 우리 모두에게 주신 달란트가 각기 다르다고 생각한다. 지구가 한일자로 되지 않고 둥근 것은 각자가 앉을 자리, 설 자리가 다르기 때문이다. 적성에 맞지 않는 일을 벌여놓고 감당할 수 없는 빚을 지고 결국은 파산까지 이르게 되었다.

그토록 애지중지하던 딸아이도 잘 살아보려고 만삭 때까지도 붐비는 지하철을 타고 사람들 사이에 껴가면서 출퇴근을 했다. 매일 만삭 몸을 이끌고 다니는 모습을 보면서 혹시라도 무슨 안 좋은 일이라도 생길까 늘 노심초사했다. 너무 귀하게 키워 온 내 작은 딸이다. 맘껏 응석을 부리고 재롱을 떨며 하고 싶어 하는 걸 다 시키고 싶었고 또래아이들처럼 멋 부리고 근심걱정 없이 하고 싶다고 하는 걸 다 시켜도 부족한 딸이다. 온 가족의 사랑을 독차지하면서 누리면서 살아야 마땅한 귀한 딸이다. 왜 결혼이란 터널 속에 집어넣고 이 갖은 고생을 시키고 있는지 생각을 할수록 속이 미어터지고 가슴이 아파 견딜 수가 없었다. 자식 몰래, 남편 몰래 혼자 흘린 눈물이 또한 얼마나 되는지 모른다. 그 어떤 일이 있어도 쉽사리 속내를 드러내지 않는 내 성격상, 내 인생에서 가장 힘들고 어려웠고 비참했던 시기라고 기억된다. 그야말로 여명 전 어둠 같은 암흑의 시기였다.

사랑스러운 딸이 그토록 고생을 하며 힘들게 사는 모습을 보고 있으면서 딸을 행복하게 해주지 못하는 사위가 밉고 눈엣가시처럼 여겨질 법도 한데 오히려 사위를 볼 때마다 측은하고 가슴이 찢어지는 듯 했다. 일찍 결혼을 해서 가장의 무게를 짊어지고 있는 모습 때문이었다. 가끔은 일찍 장가를 가서 후회되지는 않는지 물어보면 단 한 번도 후회한다고 말한 적이 없다. 늘 어머님이 허락해주신 것이 감사할 뿐이라고 대답한다. 딸의 선택에 후회함이 없도록 잘해나갈 거라고 당차게 말한다. 어머님의 판단에 실망과 후회하지 않도록 한다고 한다. 모든 사람들에게 떳떳이 잘 사는 모습을 보여준다고 한다.

'하기 힘든 일은 있지만 할 수 없는 일은 없다.'

- 꿈꾸는 모든 것이 이루어진다 中에서 서상우 -

검은 구름이 태양을 가릴 수 없듯이 추운 겨울이 지나가면 어김없이 봄은 찾아온다. 험산준령을 넘어 이제 보란 듯이 희망의 노를 저을 때가 왔다. 매일 매일 성공을 향해서 말이다. 지금은 여섯 달 안에 여섯 권의 책을 쓰는 책 쓰기 괴물이라고 불리는 작가로 활약 중이다. 모든 일은 시작이 어렵다. '만사기두난'(萬事起頭難)이라는 말이 있다. 63빌딩도 평지에서 한 장 한 장의 벽돌을 쌓아 올리면서 시작된 것이다.

나에게 사위란 친구 같이 소중하고 사랑스런 존재이다. 그 어떤 슬픔과 기쁨도, 힘든 일이나 행복한 일도 함께 공유할 수 있는 사람이다. 이제 겨우 시작에 불과하지만 여기까지 오기 위해서 너무도 힘든 과정을 거쳤다. 하기에 앞으로 그 어떤 어려움이 닥쳐와도 견뎌내면서 아름다운 미래를 구상하며 살아갈 수 있을 것이다. 그렇게 나는 항상 내 사위를 응원할 것이다.

4

하고 싶은 모든 것에
도전하라

또 하루를 오늘이라는 이름으로 허락하심에 늘 감사한다. 그렇게도 평범하게 날마다 끊임없이 허락될 것 같은 오늘이 어느 날 갑자기 허락을 멈추었다. 내 삶이 종지부를 찍은 것이다. 그 종지부는 예측할 수 없이 찾아온다. 그 세상 어느 누구에게든지 말이다. 하기에 오늘 살아 있음에 늘 감사하고 건강이 허락하는 한 하고 싶은 모든 것에 도전하고 싶다.

나는 특별하게 남들처럼 책에 관심이 있거나 다른 어떤 책읽기를 유별나게 즐기는 것은 아니다. 그냥 닥치는 대로 모든 책을 다 읽어보는 편이다. 읽다 보면 많은 좋은 글귀들이 내 심금을 울릴 때도 있고 내 삶을 반성케 할 때도 있다. 가끔은 뼛속까지 와 닿는 좋은 글귀들 때문에 큰 힘을 얻고 그 글귀들이 내 원동력이 되어주기도 한다. 또 가끔은 책 매장 앞에서 책에 정신이 팔려 책을 읽다 보면 시간 가는 줄도 모르고 끼니를 거른 적도 많다. 서점이나 구멍책 가게에 가게 되면 늘 수필이나 산문 시, 유머 책, 말을 잘하는 기술 등 관련 책들을 즐겨보고 사가지고 다녔다. 길을 걷다 붙어있는 광고판이나 지하철 기다리는 동안에도 좋은 글귀 같은 것이 눈에 띄면 그냥 지나칠 때가 없다. 꼭 한 번 읽고는 노트에 메모해둔다. 요즘은 스마트 폰으로 사진을 찍어서 저장을 하면 아주 편하게 두고 볼 수 있다.

오래 된 작은 습관 하나가 지구를 변화 시킨다는 글귀를 본적이 있다. 어린 시절 여섯 남매 중 다섯 째였던 나는 오빠들이 매일 서점에 가서 책 읽는 것을 보고 컸다. 책을 그토록 좋아하고 열독했지만 생활 형편이 어려워 먹고 공부하는 것만으로 감지덕지 했었던 시절이라 책을 산다는 건 불가능했던 일이었다. 그 시절 오빠들은 아예 서점을 집으로 삼아 필요한 모든 책을 서점에 가서 읽고 왔다. 하도 서점에 자주 가다보니 서점 주인을 이모라 부르며 친한 사이가 되어 누나동생 하면서 수십 년을 한 가족처럼 지냈다. 설날 같은 명절 때엔 찾아뵙고 찾아오던 기억도 아직 생생하다. 미모가 뛰어났던 서점이모의 친절하게 웃는 모습이 아직도 보고 있는 것만 같다.

여섯 남매 중 셋째는 언니였는데 어릴 때부터 리더십이 강했다. 소아마비로 다리가 불편했지만 동네 아이들 중에서도 공부성적은 항상 일등이었다. 엄마가 심부름을 시키면 어느새 동네 아이들이 와서 대신 해놓고는 벌써 다른 놀이를 하고 있었다. 그림 그리는 재주는 별로였던 것 같다. 미술 시간이면 다른 아이들이 그리다 버린 종이를 선생님한테 제출하기도 했다는 얘기를 종종 들었다. 국어는 아주 잘 했던 기억이 있는데 문장도 아주 잘 썼다. 그러던 언니도 이제 어느덧 일흔의 나이가 다 되어가고 있는데 지금까지도 한 사회단체 사단법인으로 수많은 사람을 거느리고 있다. 빛을 잃고 어둠속에서 헤매며 세상에서 소외 된 수백 명의 아이들에게 삶의 희망을 주고 공부를 시키며 떳떳한 사회구성원으로 양성시킴으로 핫이슈가 되고 있다. 하는 일이 힘들고 어려워 몸이 힘들어 지칠까봐 늘 걱정되지만 언니가 기쁜 마음으로 원하는 일을 하는 거라 말릴 수도 없다. 그리고 정확히 알 수는 없지만 이제는 7,80세가 다 되어가는 두 오빠가 갖고 있는 전부의 재산은 책뿐이라고 해도 과언이 아닐 것이다. 온 집안이 서재로 꽉 찼으니 말이다. 어릴 때 그런 영향을 받아서였던지 나도 독서에 재미를 느꼈고 점점 나이가 들수록 책에 대한 관심과 애착이 더 커지는 것 같다.

우연한 기회에 "두 달 안에 누구나 작가가 되는 책 쓰기 비법"이란 책을 보면서 서상우 작가가 기획하는 책 쓰기 공동저서에 도전하게 되었다. 독자로부터 저자로 거듭난다는 것은 참 생각만으로도 설레고 떨리는 기적 같은 일이 아닐 수가 없다. 명문대나 국문학과를 졸업한 사람들이나 가능한 일이라 생각했었는데 나 같은 평범한 할머니가 글을 쓸 수나 있을까 처음엔 망설였다. 이 책에서는 나에게 일어나고 있는 모든 일들을 그대로 쓰면 된다고 한다. 그 평범한 일들이 모든 사람들이 공유할 수 있는 감동적인 이야기가 된다고 말이다. 며칠 생각하다가 나는 결단을 내렸다.

책 쓰기에 도전하기로 말이다.

> "재능에는 한계가 있지만 노력에는 한계가 없다.
> 당신이 거둔 것으로 하루를 판단하지 말고
> 당신이 뿌린 것으로 판단하라."
>
> - 로버트 루이 스티븐슨 -

인간은 항상 자기가 지불한 크기에 상관없이 자기가 거두는 것에만 관심을 쏟는다. 한계가 있는 재능을 한계 없는 무한한 노력으로 채워준다면 뿌린 것만큼 수확도 할 수 있다고 믿는다. 전혀 불가능하다 생각하고 자신감 없던 내가 서상우 작가님의 섬세한 첨삭을 거쳐 글쓰기에 확신을 가졌다. 그리고 한 꼭지, 두 꼭지 서투르고 거친 글들이 서상우 작가님의 첨삭을 통해 윤택해지는 걸 보면서 글을 쓸수록 자신감이 생기기 시작했다. 메마른 땅에 물을 주고 거름을 주면 옥토가 되듯이 말이다. 이렇게 네 꼭지를 모두 첨삭을 받아가면서 원만히 마치게 되었다. 희망컨대 그 어느 누구든지 서상우 작가님의 책 쓰기 성공 학교에 오면 작가로 태어나게 되고 명예로운 갑의 삶을 살고 성공자의 삶을 살 수 있을 것이다.

자신이 불가능하다고 생각 될 때 가장 큰 관건은 자신감이다. 자신을 믿는 마음이다. 나는 할 수 있다고 말이다. 전 세계 70억 인구가 할 수 없다고 나를 웃어도 내가 할 수 있다고 하면 할 수 있는 것이다. 그러나 반대로 70억 모두가 난 할 수 있다고 응원의 메시지를 보내도 내가 할 수 없다고 한다면 그것으로 끝이다.

나는 할 수 없다. 가장 무서운 것은 자아전승이다. 바로 나의 잠재력이 결정적인 요소이다. 육십을 넘어선 오늘에도 난 나이가 들었다고 실망하고 아무것도 할 수 없을 것이라고 생각해본 적이 없다. 더 나이가 들기 전에 사랑하는 가족들과 함께 여행을 갈 것이다. 가능하면 가족여행은 1년에 한 번 해외로, 부부여행은 1년에 두 번 국내라도 좋다. 사랑하는 가족 친지들에게 가끔 전화해서 맛있는 식사도 대접할 것이다. 내가 힘들고 어려울 때 말 한 마디나 경제적인 도움을 주었던 분들한테도 꼭 배로 보상해드릴 것이다.

큰 딸은 미국에 유학중에 있으니 작은 딸은 좀 더 하고 싶어하는 공부를 시켜 앞으로 어디에서 무엇을 하든 자신의 분야에서 막힘없이 활약하며 살아 갈 수 있도록 도와주고 싶고 든든한 버팀목이 되어주고 싶다. 큰 딸은 아직 결혼을 안했는데 그 언젠가 나타날 미래의 사위도 작은 사위처럼 똑같이 아껴주고 사랑하고 예뻐하면서 장모와 사위가 아닌 아주 가까운 친구와도 같은 사이로 행복하고 화목하게 지내면서 부모의 집에 왔다 갈 때엔 차비라도 넉넉히 쥐어줄 수 있는 여유로운 삶을 살고 싶다.

또, 기꺼운 사랑하는 여덟 식구(두 딸, 두 사위, 두 손녀와 우리 부부)가 함께 바다 구경도 다니며 대형텐트를 치고 2박3일씩 여행 다니면서 맛있는 음식을 먹으며 재밌게 즐기고 싶다. 한두 명씩만 귀하게 자식을 키우는 요즘 시대, 친환경식품이나 웰빙 음식만 추구하는 요즘 현시대에 손수 내 두 손으로 귀염둥이들이 좋아하는 인형이나 머리핀을 만들어 아이들에게 제공하며 행복과 즐거움을 느껴보고 싶다.

더 늙기 전에 드럼을 배워 어렵고 열악한 교회에서 반주를 해주고 찬양으로 봉사도 할 것이다. 주일날엔 남편과 같이 교회에 나가 예배를 드리고 찬양하고 드럼도 칠 것이다. 평일에는 남편이랑 산책도 하며 드라이브도 하며 맛있는 것도 먹으면서 여유 있는 삶을 누릴 것이다. 어린 시절에 살던 옛날 고향집도 돌아보고 동네 노인들에게 맛있는 음식도 푸짐하게 대접하면서 그들이 행복해하는 모습을 보고 싶다. 여섯 남매에 부모님이 계신 가문의 맏며느리로 시집와서 부모님께 너무도 효도해드리지도 못했다. 남편과 함께 꼭 시어머님 모시고 여행을 다녀올 것이다.

시인 이외수씨는 이런 말을 했다.

"자신을 불행한 존재라고 말하는 사람은 아직도 더 불행해질 여지가 남아있다. 아주 작은 일에도 큰 기쁨을 느끼는 사람에게는 그 어떤 불행도 위력을 상실해 버리고 만다. 그러나 아주 작은 일에도 기쁨을 느낄 수 있는 경지에 이르기까지는 어차피 여러 가지 형태의 불행을 감내하지 않을 수가 없다. 불행이란 알고 보면 행복이라는 이름의 나무 밑에 드리워진 행복만한 크기의 나무 그늘 같은 것이다."

난 아주 작은 일에도 늘 큰 기쁨을 느끼면서 하루하루의 삶에 최선을 다 할 것이다. 마치 오늘이 생의 마지막 날인 것처럼 말이다.

끝으로 이 글을 빌어 나는 책 쓰기 성공 학교가 신속히 발돋움하리라 믿어 의심치 않는다. 마치 대나무의 폭발성성장속도(quantum leap)처럼. 대나무는 마디마다 생장점이 있어서 하루에 1미터(소나무가 30년 자란 속도)씩 자란다. 이처럼 책 쓰기 성공학교도 그 선한 영향력으로 온 국민이 1권의 책을 쓸 때까지 영원히 계속될 것이라 굳게 믿는다.

책쓰기 성공 학교를 설립하고 벌써 두 번째 공동저서를 출간하게 되었다. 참가해주신 모든 작가님들께 깊은 감사의 인사를 먼저 드리고 싶다. 공동저서 1기인 〈그래도 성공이다〉에 이어 이번에 출간하게 된 〈그래서 성공이다〉 역시 우리 모두 각자의 자리에서 각자 살아가고 있는 시간 그 자체가 성공이고, 성공자의 삶이라는 의미를 담았다.

우리에게 주어진 하루, 또 그 하루가 모여 삶이라는 것을 형성하고 있다. 살아가고 있는 우리의 삶이라는 시간에 누구의 시간은 성공이고, 누구의 시간은 실패라고 단정 지어 놓은 건 아무것도 없다. 그리고 무의미하고, 불필요한 시간도 절대 존재하지 않는다. 모든 것은 더 나아가고, 나아갈 수 있는 발판이 되어주고 있다. 산 정상에 오르기 위해서 낮은 경사부터 한 걸음씩 올라가야 하듯이 말이다.

책쓰기 성공 학교는 책을 내고 싶어 하는 모든 분들에게 그런 발판이 되어드리고 싶다. 산 정상에 올라갈 수 있는 평지, 낮은 경사가 되어 드리고 싶다. 이 책의 저자님들처럼 자신의 책을 내고 싶은 분들이 계신다면 언제나 저희 책쓰기 성공 학교의 문을 두드리시길 바란다. 이 책에서 말하는 성공이란 단어처럼, 작가라는 단어도 그저 남의 것이고, 그저 다른 사람의 이야기가 아니니 말이다.

우리는 모두 작든 크든 성공을 하며 살아가고 있다. 500원짜리 복권에 당첨된 것도 성공이고, 노력해서 좋은 성적을 거두는 것도 성공이다. 어디서 누구와 무엇을 하고 있든 우리가 성공하지 않을 수는 없다. 우리가 모두 사랑으로 태어났고, 사랑받고 있고, 사랑주고 있는 한 성공일 수밖에 없는 것이다.

우리가 미생의 장그래에게 열광했듯이 당신의 삶에 우리는 열광한다. 그리고 이 책에 담긴 9명의 장그래에게도 많은 열광을 해주길 바란다. 현실의 장그래인 이 9명의 이야기는 결코 미생의 장그래의 이야기에 뒤지지 않을 만큼 드라마틱하고, 다양한 희노애락을 담고 있으니 말이다.

우리는 여전히 살아간다. 그리고 꿈꾼다. 더 멋진 나를 꿈꾸고, 더 행복한 나를 꿈꾼다. 그렇기 때문에 성공이다. 그래서 성공이다. 그래서 우리 모두는 성공인 것이다.

초판발행일 | 2015년 5월 25일

기   획 | 서상우
지 은 이 | 서상우 | 윤중원 | 이초연 | 이지영 | 최귀선
          이경진 | STELLA | 최나연 | 김화선
펴 낸 이 | 배수현
디 자 인 | 박수정
제   작 | 송재호

펴 낸 곳 | 가나북스 www.gnbooks.co.kr
출 판 등 록 | 제393-2009-000012호
전   화 | 031) 408-8811(代)
팩   스 | 031) 501-8811

ISBN 979-11-86562-00-0